Günter Mader, Elke Zimmermann

Zäune und Tore

Günter Mader, Elke Zimmermann

Zäune und Tore

aus Holz und Metall

Deutsche Verlags-Anstalt
München

Bibliografische Information Der Deutschen Bibliothek
Die Deutsche Bibliothek verzeichnet diese Publikation in der Deutschen Nationalbibliografie; detaillierte bibliografische Daten sind im Internet über <http://dnb.ddb.de> abrufbar.

Diese Ausgabe wurde auf chlor- und säurefrei gebleichtem, alterungsbeständigem Papier gedruckt.

1. Auflage

Satz und Layout: Iris von Hoesslin, München
Gesetzt aus der Univers
Lithographie: reproteam siefert, Ulm
Druck und Bindung: Printer Trento, Trento
Printed in Italy
ISBN 10: 3-421-03534-2
ISBN 13: 978-3-421-03534-9

www.dva.de

Inhalt

Vorwort und Dank

Das vorliegende Buch stellt vielfältige Konstruktions- und Gestaltungsformen von Zäunen und Toren vor. Die Betrachtungen reichen vom rustikalen Weidezaun bis zum raffinierten designorientierten Sicherheitszaun, vom einfachen Gartentörchen bis zur repräsentativen Toranlage eines Regierungssitzes. Die Autoren haben nicht nach fotogenen, schmiedeeisernen historischen Raritäten oder künstlerisch gestalteten, originellen Einzellösungen gesucht, sondern nach allgemeingültigen, vorbildlichen Lösungen aus unserer Zeit. Die mit Fotos und Zeichnungen dokumentierten Beispiele zeigen ausschließlich Zäune und Tore des 20. und 21. Jahrhunderts. Durch die systematische Aufarbeitung des enorm vielfältigen Materials wird eine klar strukturierte Typologie entwickelt und ein gestalterisches Regelwerk abgeleitet. Diese Grundregeln der Gestaltung und Konstruktion sind auf unterschiedliche Problemstellungen übertragbar und können auf Projekte mit vergleichbaren Zusammenhängen angewendet werden.

Als Planer fragt man sich zunächst: Welcher Zaun ist dem Projekt stilistisch angemessen, welche Art von Zaun erfüllt die geforderten Funktionen am besten? Für die straßenseitige Einfriedung eines Grundstücks in einem traditionsreichen Villenviertel wird man sich vielleicht für einen lackierten Lattenzaun nach altem Vorbild entscheiden, zur Begrenzung eines Gartens im dörflichen Umfeld kommt hingegen nur eine sehr schlichte Lösung in Frage, zum Beispiel ein unbehandelter, naturvergrauter Staketenzaun. Dagegen ist einem städtischen Verwaltungsbau mit zeitgenössischer Architektur eher ein gut designter Metallzaun angemessen. Auch die Anforderungen, die ein Zaun zu erfüllen hat, haben Einfluss auf Gestaltung und Ausführung. Soll er ernst zu nehmenden Einbruchschutz liefern, soll er Tiere vom Garten fernhalten, Sicht- und Windschutz bieten, oder soll er möglichst unauffällig sein, den freien Ausblick in die Landschaft nicht behindern?

»Nicht der Zaun macht den Garten, sondern die Blumen«, war im Jahr 2004 bei einer Landesgartenschau auf einer Fahne zu lesen und wurde als *Deutsches Sprichwort* ausgewiesen. Schöne Blumen kann man für vergleichsweise wenig Geld kaufen, und so hätte man denn einen schönen Garten schnell fertig gestellt. Blumen sind zwar trotz ihrer Vergänglichkeit die wichtigsten Stimmungsträger eines Gartens, aber es geht doch bei einer Gesamtgestaltung immer um sehr viel mehr als ein schönes Arrangement von Blumen, Sträuchern und Bäumen. Ein Garten hat Struktur und Ordnung, Raumkanten und Grenzen und wird meist auch von baulichen Elementen geprägt. Die pflanzlichen Werkstoffe brauchen einen Rahmen, in den sie eingebunden sind, eine Plattform, auf der sie sich präsentieren können und erst richtig zur Geltung kommen. Neben Mauern und Hecken sind Zäune eines der gebräuchlichsten Mittel der Raumbildung. Es gibt niedrige und hohe, völlig blickdichte und transparente; Stahl oder Holz sind die traditionellen Materialien. Die Vielfalt ist unendlich groß, und dennoch stellt sich immer wieder aufs Neue die Frage nach der geeigneten Ausführung des Zauns. Meist bieten weder die Angebote der Baumärkte noch die Standardausführungen der Handwerker eine zufrieden stellende Lösung. Ein schöner Zaun muss sorgfältig geplant und dann vom Handwerker in höchster Perfektion ausgeführt werden. Die vielen vorbildlichen Lösungen auf den folgenden Seiten können als Anregung dienen. Sie sollen dazu beitragen, ein neues Bewusstsein für die Gestaltung von Zäunen und Toren zu entwickeln, und Qualitätsmaßstäbe liefern.

Die beiden Autoren arbeiten seit 1996 im Bereich der Garten- und Landschaftsarchitektur zusammen, von Anfang an im Dialog, unter wechselseitiger Kritik und im steten Gedankenaustausch. Einige Planungsprojekte waren mit gemeinsamen Reiseeindrücken verbunden, und so erstreckte sich die Zusammenarbeit bald auch auf das Gebiet der Fotodokumentationen, seit 2002 auch auf Zeitschriftenartikel und Artikelserien. Die in der Planungsarbeit erprobten Vorgehensweisen ließen sich sehr effektiv auf diese Arbeitsbereiche übertragen.

Alle Texte dieses Buches entstanden in regem Gedankenaustausch und einem Prozess des gegenseitigen Korrigierens. Auch die Zeichnungen sind inhaltlich das Ergebnis des kritischen Dialogs.

Für uns beide ist Fotografie seit vielen Jahren ein wichtiges Arbeitsinstrument, und deswegen lassen sich unsere Bilder ohne stilistische Brüche nebeneinander stellen. Wir haben Erfahrungen sammeln können, wie sich unsere Garten- und Freiraumprojekte später in der Fotografie darstellen, und dies hat unsere Sehweise beeinflusst. Wir akzeptieren die Fotografie als kritische Stimme und arbeiten gerne mit diesem Korrektiv. Zugleich haben wir gelernt, sie auch als eine Methode der Entschlüsselung zu benutzen. Über die Fotografie wird der Blick gebündelt und auf das Wesentliche konzentriert, so dass bei genauer Betrachtung Planung und Konstruktion erkennbar werden.

Bei der Deutschen Verlags-Anstalt in München danken wir Andrea Bartelt-Gering für die Befürwortung dieses Buchprojektes und Carla Freudenreich für das Verlagslektorat. Iris von Hoesslin danken wir für die aufmerksame Gestaltung des Layouts.

Günter Mader, Ettlingen
Elke Zimmermann, Itzlings
August 2006

Lackiertes Lattentörchen, integriert in einen Heckenbogen zwischen zwei Gartenräumen; Huis de Dohm, Heerlen, Niederlande

Der Lattenzaun

Es war einmal ein Lattenzaun,
mit Zwischenraum, hindurchzuschauen.
Ein Architekt, der dieses sah,
stand eines Abends plötzlich da –
und nahm den Zwischenraum heraus
und baute draus ein großes Haus.
Der Zaun indessen stand ganz dumm
mit Latten ohne was herum,
ein Anblick grässlich und gemein.
Drum zog ihn der Senat auch ein.
Der Architekt jedoch entfloh
Nach Afri – od – Ameriko.
Christian Morgenstern, 1905

Planungsgrundlagen für Zäune und Tore

Planungsgrundlagen für Zäune und Tore

Von Ludwig Mies van der Rohe (1886–1969), der als Vater der modernen Architektur gilt, wird der Satz überliefert: »Architektur beginnt dort, wo zwei Steine sorgfältig übereinandergesetzt werden.« Ebenso gut, vielleicht sogar noch zutreffender könnte man sagen: »Architektur beginnt dort, wo zwei Holz- oder Metallprofile konstruktiv richtig und formschön miteinander verbunden werden.« Zäune und Tore sind Grundformen der Baukonstruktion und beispielhaft für die Lösung elementarer statischer Probleme. Bei jeder Zaungestaltung geht es zunächst um die grundsätzliche Frage, wie die vertikalen und horizontalen Elemente ausgeführt, zusammengefügt und mit Füllelementen geschlossen werden.

Tore sind ähnlich gebaut wie Zäune, erfordern als bewegliche Teile aber noch weit mehr statisches und konstruktives Verständnis.

Das Erscheinungsbild eines Zauns oder Tors ergibt sich nicht nur aus den verwendeten Materialien, der Konstruktion und der Ausbildung aller Details, sondern wird immer auch ganz wesentlich durch die jeweilige Funktion geprägt: Der Zaun einer Pferdekoppel stellt hinsichtlich der Stabilität, Höhe und Durchlässigkeit ganz andere funktionale Forderungen als die Einfriedung eines Hausgartens. Bei Toren verhält es sich genauso: Ein Sicherheitstor muss ganz andere Aufgaben und Funktionen erfüllen als ein kleines Gartentor.

Fachbegriffe

Die Zahl der Fachbegriffe, die für die Planung von Zäunen und Toren von Bedeutung sind, ist relativ gering und zum großen Teil auch Laien bekannt. Aber der Klarheit halber seien hier die wichtigsten Begriffe noch einmal kurz aufgelistet und erläutert.

Die meisten Zaunkonstruktionen, ganz gleich ob in Holz oder Metall ausgeführt, bestehen aus *Pfeilern* oder *Pfosten*, *Querriegeln* und *Füllungen*. Von Zaunpfeilern spricht man bei Ausführungen in Beton, Mauerwerk oder Naturstein, von Zaunpfosten bei Ausführungen in Holz oder Stahl. Die Pfeiler und häufig auch die Pfosten sind auf *Fundamenten* gegründet. Als Querriegel werden die horizontalen Verbindungselemente zwischen den einzelnen Pfosten bezeichnet und als Füllungen alle Teile, mit denen die einzelnen Zaunfelder geschlossen werden. Es gibt auch Konstruktionen, bei denen die Füllungen nicht an den Riegeln befestigt sind, sondern in *biegesteife Rahmen* eingefügt werden.

Tore unterscheidet man in ein- und zweiflügelige. Bei zweiflügeligen Toren wird ein Flügel als *Dreh- oder Gehflügel*, der andere als *Stehflügel* bezeichnet. Es wird immer zunächst der Drehflügel geöffnet und dann der mit einer Bodenhülse fixierte Stehflügel – sofern der Bedarf besteht, beide Flügel zu öffnen. Die Torflügel sind mit *Bändern* an den *Kloben* befestigt, die oben und unten an den Pfeilern, Pfosten oder angrenzenden Mauerelementen montiert sind. Bänder, Kloben, Griffe, Drücker, Feststeller und Verschlussmechanismus werden zusammenfassend als *Beschläge* bezeichnet.

Bei der Planung eines Tors stellt sich immer auch die Frage, wie es zu verschließen und zu öffnen ist. Die Vielzahl der unterschiedlichen Verschlussmechanismen reicht vom einfachen *Sturmhaken mit Öse* oder dem gängigen *Schubriegel* am Gartentörchen bis zum raffinierten *Federbügelbeschlag* am Weidetor. Die enorme Vielfalt der Beschläge kann hier im Detail nicht weiter beschrieben werden, wäre aber gewiss eine eigene Betrachtung wert.

Moderne Stahltore werden heute üblicherweise mit *Profilzylinderschlössern* verschlossen. Diese befinden sich in einem *Schlosskasten* am Drehflügel, während sich am Stehflügel ein *Schließblech* zum Einführen des *Riegels* und zum Arretieren des Drehflügels ein *Schlagblech*, beziehungsweise bei Holztoren eine *Schlagleiste* befindet. Der Gehflügel wird normalerweise mit einem *Bodenschieber oder Feststeller* in einer fest eingebauten *Bodenhülse* fixiert.

Rechtliche Grundlagen

Bei der Ausführung von Zäunen, die im juristischen Sprachgebrauch als *Einfriedungen* bezeichnet werden, müssen sowohl privatrechtliche als auch öffentlich-rechtliche Gesetzesgrundlagen beachtet werden. Für Zaunanlagen, die zwei Privatgrundstücke trennen, gilt in Deutschland das *Nachbarrecht* des jeweiligen Bundeslandes. Sofern die öffentlich-rechtlichen Belange nicht missachtet werden, können sich die Nachbarn auf eine gemeinsame Lösung verständigen, sei es nun der gänzliche Verzicht auf einen Zaun oder eine bestimmte Art der Ausführung.

Bei Zäunen in freier Landschaft sind unter Umständen die Vorschriften des *Flurbereinigungsplanes*, des *Landschaftsplanes* oder des *Natur- und Landschaftsschutzes* zu berücksichtigen.

Für Einfriedungen entlang öffentlicher Verkehrswege und anderer öffentlicher Flächen sind das *Straßenrecht* und das *Bauordnungsrecht* zu berücksichtigen. Die Bauaufsichtsbehörde kann nach der *Landesbauordnung* des jeweiligen Bundeslandes im Interesse der öffentlichen Sicherheit und Ordnung eine Einfriedung vorschreiben. Auch ein *Bebauungsplan* kann Aussagen bezüglich der Einfriedungen enthalten. Dabei geht es vor allem um die zulässige Höhe des Zauns und weniger um die Ausführung im Detail. Sofern der Bebauungsplan nichts anderes vorgibt, muss die Art der Einfriedung dem *ortsüblichen Erscheinungsbild* folgen. Wo ein solches nicht erkennbar ist, gilt je nach Landesrecht ein etwa 1,2 Meter hoher Zaun aus festem Maschendraht als ortsüblich.

Sofern man sich bei der Planung eines Zaunes nicht an ortsüblichen Standards orientieren kann oder will, sollte man sich am besten bei den zuständigen Stadt- oder Gemeindeverwaltungen nach den für das Grundstück relevanten Vorschriften erkundigen.

Soweit vom öffentlichen Recht nichts anderes vorgeschrieben ist, bleibt es dem Grundstückseigentümer freigestellt, ob er sein Grundstück einfriedet oder nicht. Falls mit dem Nachbarn keine Vereinbarung getroffen wird, den Zaun direkt auf der Grundstücksgrenze zu errichten, muss er komplett auf eigenem Grund und Boden gebaut werden. Innerhalb geschlossener Ortschaften kann ein Grundstückseigentümer allerdings auf Verlangen der Nachbarn zur Einfriedung verpflichtet werden, wenn von seinem Grundstück wesentliche Beeinträchtigungen ausgehen, beispielsweise durch Tierhaltung.

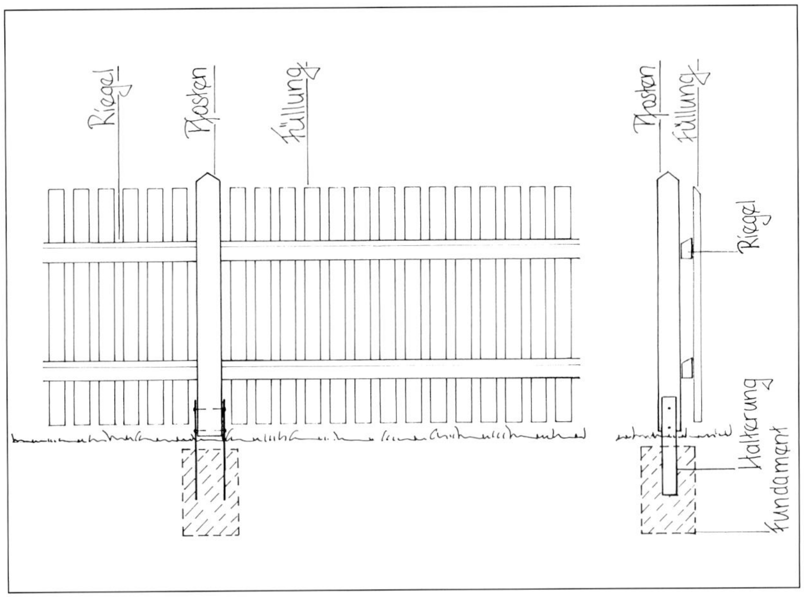

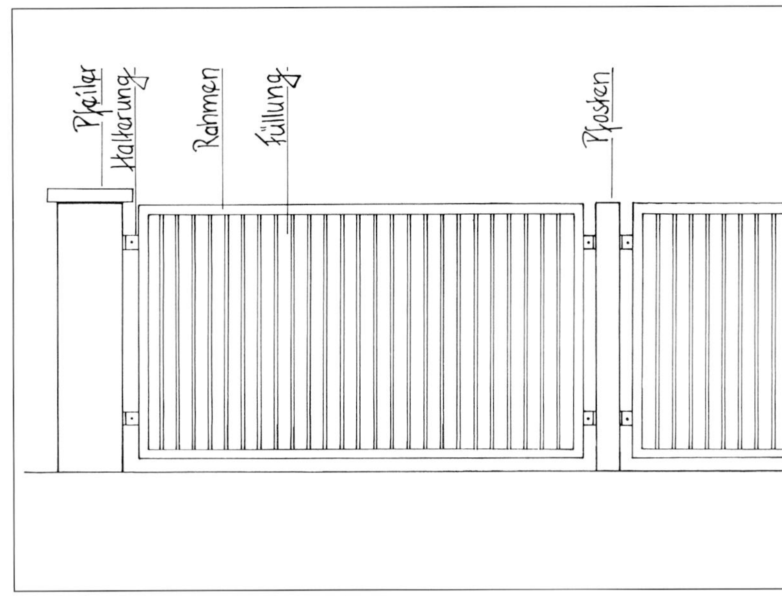

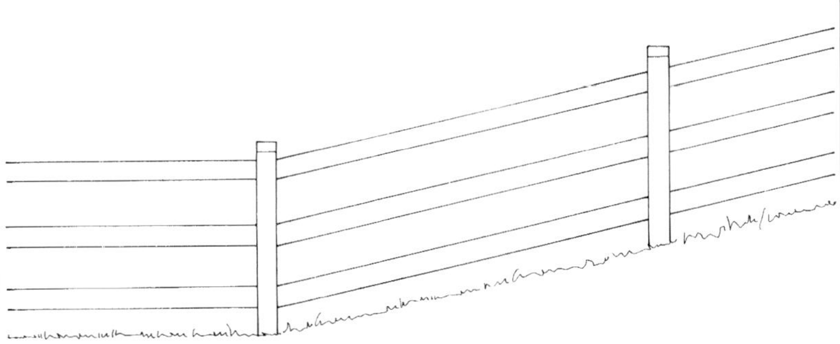

Schräge Zaunführung am Hang

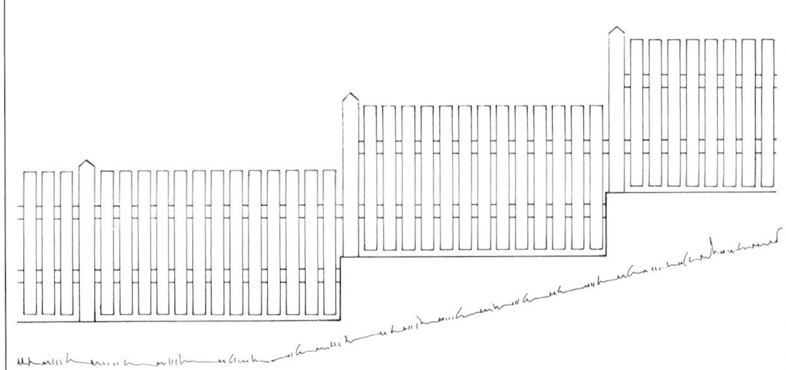

Abgetreppte Zaunführung am Hang

oben links: Handlauf und Brüstung am Treppenaufgang einer Schule; Lausanne, Schweiz
oben rechts: Brüstung mit lackierten Stahlpfosten und Edelstahlspanndrähten; Schwäbisch Hall
unten links: Zaun mit Spanndrähten, Ecklösung mit zwei Stützen; Langenargen
unten rechts: Gitterzaunelement, mit wildem Wein berankt; München-Riem

Grundlagen der Gestaltung

Die Berücksichtigung der Umgebung und die stilistische Angemessenheit sollten die wichtigsten Kriterien sein, wenn ein Zaun oder Tor zu planen ist. Weitere grundlegende Entscheidungen betreffen das Material, die Farbe, den Ausführungstyp und die gesamte Maßordnung. Dabei geht es nicht nur um die Höhe eines Zauns und die Breite eines Tors, sondern auch um die Einteilung in Zaunfelder und das Festlegen eines Konstruktionsrasters. Oft ergibt sich die gesamte Maßordnung zwar schlichtweg aus den Standardabmessungen der verwendeten Materialien, vielfach wird sie aber auch nach rein formalen Kriterien festgelegt.

Für die Gestaltung von Zäunen ist immer wieder auch der Umgang mit der Topographie grundlegend. Im geneigten Gelände stellt sich die Frage, ob der Zaun mit Abstufungen auf den Geländeverlauf reagieren oder ob er ihm kontinuierlich folgen soll. In der freien Landschaft ist die Anpassung an die Topographie eine Selbstverständlichkeit, während im städtischen Umfeld nur mit einer sorgsam abgestuften Ausführung ein befriedigendes Bild zu erreichen ist. Im Hausgarten oder im dörflichen Umfeld ist situationsbedingt zwischen den beiden Grundsatzlösungen abzuwägen. Eine lang gezogene Horizontale schafft zwar wohltuende Ruhe, kann aber auch erzwungen und dadurch disharmonisch wirken. Als Faustregel gilt, dass es bis zu einem Gefälle von etwa 7 Prozent wesentlich besser aussieht, wenn die Zaunoberkante nicht waagrecht verläuft, sondern sich dem Gelände anpasst. Sofern das Auge keinen Vergleich hat, wird dieser Verlauf als völlig selbstverständliche Kontur empfunden und als Horizontale wahrgenommen.

Obgleich ein starkes Gefälle für die Unterkanten von Toren gelegentlich Sonderlösungen notwendig macht, sind sie mit ihrer Oberkante stets der exakten Horizontale verpflichtet. Die Gestaltung von Toren wird sehr oft von einem besonderen Anspruch an die Selbstdarstellung bestimmt, gleichzeitig aber auch von einer Vielzahl konstruktiver, statischer und technischer Zwänge.

Konstruktion und Statik

Die Planung eines Zauns oder Tors hat nicht nur gestalterische, sondern primär auch eine ganze Reihe baukonstruktiver und statischer Aspekte. Bei ungewöhnlichen Konstruktionen, vor allem bei sehr hohen und schweren Zäunen und Toren, sollte zur Planung unbedingt ein Statiker hinzugezogen werden.

Metallzäune und auch Holzzäune aus Hartholz haben oft ein sehr hohes Eigengewicht, so dass sich vorgefertigte Segmente unter Umständen beim Einbau gar nicht mehr von Hand bewegen und montieren lassen. Deswegen muss nicht nur eine solide Gründung und Befestigung der schweren Elemente sichergestellt sein, auch die örtlichen Montagebedingungen und Zufahrtsmöglichkeiten sind bereits bei der Planung zu berücksichtigen.

Stahlprofile sind keine starren Bauteile, sondern mehr oder weniger von *Durchbiegung* betroffen. Eine Zaunkonstruktion muss ein Mindestmaß an *Steifigkeit* besitzen, da die Konstruktion sonst zu labil wäre. Die notwendige *Aussteifung* lässt sich meist über die Zaunpfosten und die Gründung erzielen. Auch mit *Diagonalstreben*, *aussteifenden Scheiben* oder *biegesteifen Rahmen* kann die notwendige Stabilität erreicht werden.

Im Hinblick auf die Standsicherheit ist auch zu berücksichtigen, dass bei relativ geschlossenen Zäunen ein erheblicher Winddruck auf die Fläche einwirkt. Mit einer entsprechend soliden Konstruktion ist diesen Kräften zu begegnen. Das heißt, es sind ausreichende Längs- und Queraussteifungen, vor allem aber richtig bemessene Fundamente vorzusehen.

Große Tore haben oft ein sehr hohes Gewicht, die oberen Kloben werden von erheblichen Querkräften beansprucht, die nur von kräftig dimensionierten Hartholz- oder Stahlprofilen aufgenommen werden können. Bei sehr schweren Stahltoren können die Kräfte an den Kloben von einem gemauerten Pfeiler oft gar nicht aufgenommen werden, sie müssen durch ein integriertes Stahlprofil abgefangen und ins Fundament abgeleitet werden.

Gründung von Zaun- und Torpfosten

Für sehr einfache Holzzäune und kleine Gartentore werden die Pfosten einfach nur angespitzt und in den gewachsenen Boden eingeschlagen. Für anspruchsvollere Ausführungen sollten die Pfosten in vorbereiteten Löchern aufgestellt und mit einem gestampften Schotter-Splitt-Gemisch stabilisiert werden. Nur so ist ein perfekt lotrechter Einbau möglich und eine dauerhafte Drainierung gewährleistet. Holzpfosten dürfen keinesfalls in Beton eingegossen werden, weil sie sonst sehr schnell faulen. Die baukonstruktiv beste, oft jedoch zu aufwendige und stilistisch nicht erwünschte Lösung sind vorgefertigte Metallschuhe aus feuerverzinktem Stahl oder Edelstahl. Sie werden in Betonfundamenten verankert und fixieren die Pfosten aus Holz mit einem sicheren Bodenabstand.

Bei der Gründung eines einfachen Holzzauns mittels eingeschlagener Pfosten gilt die Faustregel, dass die Pfosten mit einem Drittel ihrer Gesamtlänge, wenigstens aber mit 60 Zentimetern Tiefe gegründet werden sollten. Das heißt: Bei einem 1,20 Meter hohen Zaun sind die Pfosten 60 Zentimeter tief einzulassen, bei einem 1,60 Meter hohen Zaun 80 Zentimeter. Im Unterschied zu Zaunpfosten werden Torpfosten wegen der höheren Beanspruchung mit etwa 90 Zentimetern deutlich tiefer gegründet. Bei Metallpfosten, die in einem Betonfundament gegründet werden, gilt ebenfalls die Faustregel, dass die Einbindetiefe der Pfosten ein Drittel ihrer Gesamtlänge betragen soll.

Bei Zaunanlagen von mehr als 25 Metern Länge werden die Endpfosten mit einer Diagonalstrebe versehen und verstärkt, bei noch längeren Zäunen sind an etwa jedem zehnten Zwischenpfosten Diagonalverstrebungen vorzusehen. An den Ecken werden die Pfosten zur Stabilisierung meist in beide Richtungen verstrebt. Bei Zäunen, die quer zur Hangrichtung verlaufen, oder bei Pfostengründungen in stark sandigem Boden sind gelegentlich auch Queraussteifungen mit Lasche oder Schrägpfahl notwendig, um den Zaun zu stabilisieren (siehe Skizzen Seite 15).

Holzbau

Im Holzbau wird zwischen traditionellem *zimmermannsmäßigen Holzbau* und *ingenieurmäßigem Holzbau* unterschieden. Im Zusammenhang mit Zäunen und Toren bezieht sich diese Unterscheidung vor allem auf die Art der Holzverbindungen. Während im zimmermannsmäßigen Holzbau *Verblattungen* und *Zapfenverbindungen* gebräuchlich sind, werden die Konstruktionshölzer im ingenieurmäßigen Holzbau mit Schrauben, Stabdübeln, Bolzen und Stahlblechformteilen verbunden. Für die Lebensdauer von Zäunen und Toren und allen anderen bewitterten Holzkonstruktionen ist es von entscheidender Bedeutung, ob *Hart-* oder *Weichhölzer* verwendet werden. Harthölzer wie Eiche, Robinie oder Esskastanie haben eine mehr als doppelt so lange Lebensdauer wie die Weichhölzer von Fichte, Kiefer und Tanne.

Konstruktiver Holzschutz

Nach DIN 68800-2 werden unter *Konstruktivem Holzschutz* alle Maßnahmen verstanden, die das Holz vor einem zu hohen Feuchtigkeitsgehalt und den damit verbundenen Schäden und Zersetzungen durch Pilze, Mikroorganismen und tierische Schädlinge schützen. Um stets ein schnelles Abtrocknen des Holzes zu ermöglichen, sind verschiedene Grundregeln zu berücksichtigen: Zum einen muss Niederschlagswasser möglichst zügig abgeleitet und Staunässe vermieden werden, damit ein schnelles Abtrocknen sichergestellt ist. Zum anderen sollten alle Verbindungen, Knotenpunkte und Berührungsflächen zweier Hölzer so ausgeführt werden, dass sie gut belüftet sind und hier keine Feuchtigkeitsnester entstehen können. Durch den Einbau von Abstandshaltern, zum Beispiel in Form von Unterlegscheiben, ist für eine gute Luftzirkulation zu sorgen.

Zäune und Tore sind im unteren Bereich vor den Einwirkungen von Spritzwasser zu schützen. Die DIN 68800 verlangt einen Abstand von 30 Zentimetern zwischen der Erdoberfläche und den unteren Holzflächen. Diese Forderung lässt sich allerdings bei Zäunen und Toren nur selten mit den gestalterischen Zielsetzungen vereinbaren. Oft steht sie auch im Widerspruch zu der Absicht, mit dem Zaun oder Tor eine Absperrung gegen Tiere herzustellen.

Eingeschlagene Zaun- oder Torpfosten, die zwangsläufig unmittelbaren Kontakt mit dem feuchten Erdboden haben, sind besonders fäulnisgefährdet. Da von ihrer Unversehrtheit die Standfestigkeit des Zauns oder Tors abhängt, müssen hier vorbeugende Maßnahmen getroffen werden. Es empfiehlt sich, für die Pfosten Hartholz oder kesseldruckimprägniertes Nadelholz mit chemischem Holzschutz zu verwenden. Auch das traditionelle Flämmen des Basisbereichs von Lärchenholzpfosten führt zu einer deutlich längeren Lebensdauer. Pfosten aus Eichen-, Kastanien- oder Robinienholz haben sich bei Erdkontakt als besonders widerstandsfähig und langlebig bewährt.

Um Niederschlagswasser zügig abzuleiten, sollten alle Oberflächen abgeschrägt oder abgerundet werden. Die Oberseiten der Querriegel und eventuell verwendeten horizontalen Abschlussprofile sollten zur Vermeidung stehender Feuchtigkeit mit einem Winkel von ca. 15 Grad abgeschrägt werden. Werden auch die Unterkanten der Profile abgeschrägt, tropft das Wasser auch hier zuverlässig ab und bleibt nicht an der Fläche haften.

Die besonders gefährdeten Hirnholzflächen der Pfostenköpfe werden entweder abgeschrägt, abgerundet oder mit einer pyramidenförmigen Spitze versehen. Je nach gestalterischem Anspruch sind auch handwerklich solide ausgeführte Abdeckungen aus Blei-, Zink- oder Edelstahlblechen denkbar. Von Kupferblechen ist abzuraten, weil sie sehr stark mit den holzeigenen Säuren reagieren und dadurch Verfärbungen verursachen.

Die Füllelemente eines Holzzauns – ganz gleich ob Staketen, Latten oder Bretter – werden aus Gründen des konstruktiven Holzschutzes an der Oberseite ebenfalls abgeschrägt, angespitzt oder mit einem durchgehenden Horizontalprofil abgedeckt. Für alle Holzverbindungen und auch für Balkenschuhe oder Bodenhülsen sind in jedem Fall korrosionsgeschützte Metallteile zu verwenden. Weil auch verzinkte Teile durch die Einwirkung der holzeigenen Gerbsäure zu unschönen Verfärbungen führen können, sollte bei anspruchsvollen Ausführungen unbedingt Befestigungsmaterial aus Edelstahl verwendet werden.

Die Beschaffenheit der Holzoberfläche hat wesentlichen Einfluss auf die Widerstandsfähigkeit. Beim Sägen werden die Fasern aufgerissen und aufgestellt und bilden eine sehr raue Oberfläche, an der die Feuchtigkeit lange haften bleibt. Daher sollten vor allem für die tragenden Teile unbedingt gehobelte Hölzer verwendet werden.

Die Lebensdauer eines Holzzauns kann auch durch chemischen Holzschutz in Form einer Imprägnierung oder durch einen Anstrich erhöht werden. Anstriche müssen allerdings regelmäßig erneuert werden und bedeuten einen erheblichen Pflegeaufwand. Lasuranstriche sind deutlich besser geeignet als deckende, filmbildende Anstriche, die nach einigen Jahren unvermeidlich abblättern und dann nur mit relativ großem Aufwand wieder in Ordnung zu bringen sind. Druckimprägnierte Hölzer garantieren ebenfalls eine längere Haltbarkeit. Durch Tiefenimprägnierung werden Schutzsalze dauerhaft ins Holz eingebracht. Dabei ist auf eine Verwendung von nicht gesundheitsschädlichen und umweltfreundlichen Holzschutzmitteln zu achten.

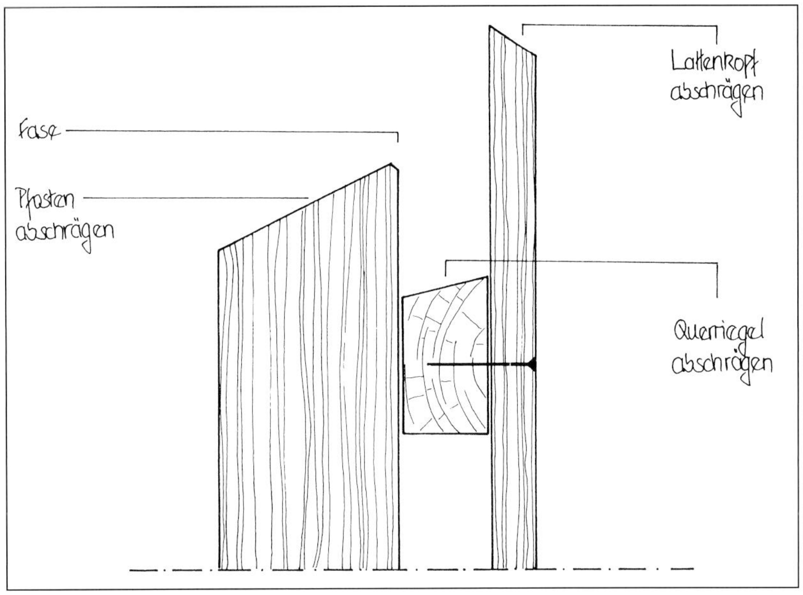
Lattenkopf abschrägen
Fase
Pfosten abschrägen
Querriegel abschrägen

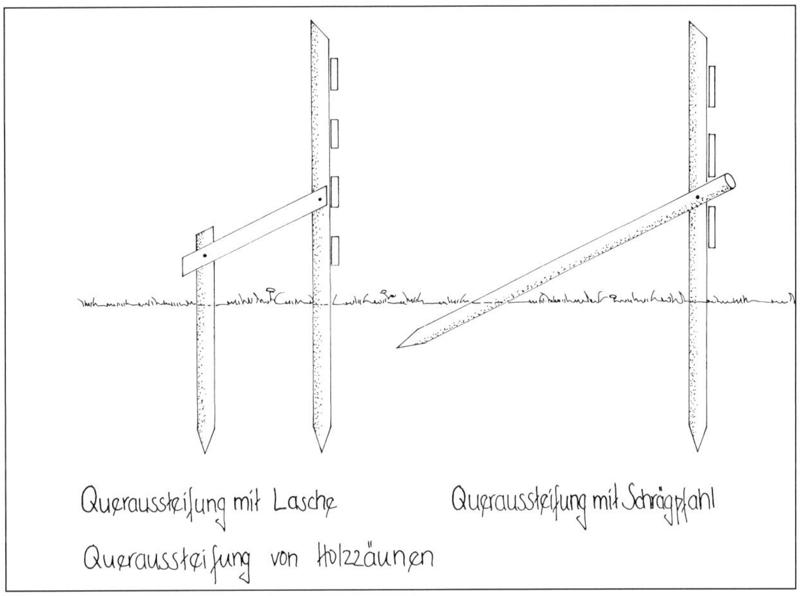
Queraussteifung mit Lasche
Queraussteifung mit Schrägpfahl
Queraussteifung von Holzzäunen

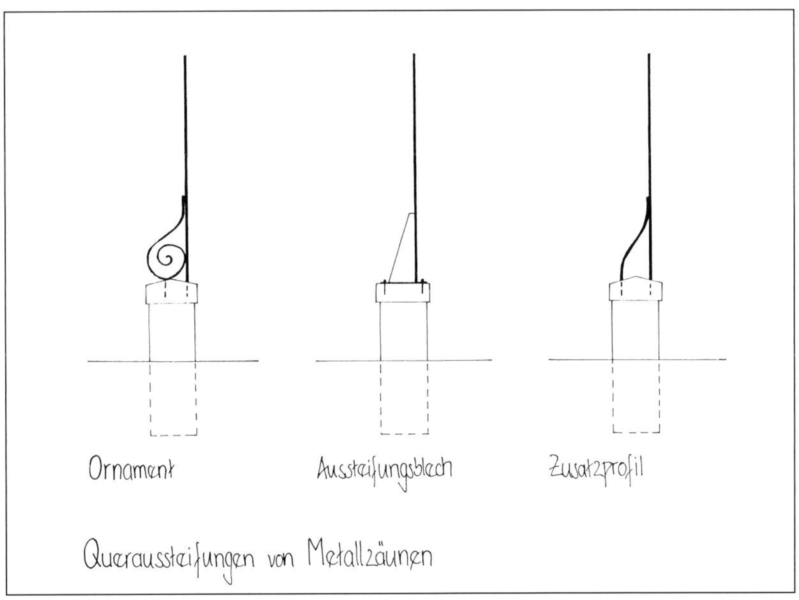
Ornament
Aussteifungsblech
Zusatzprofil
Queraussteifungen von Metallzäunen

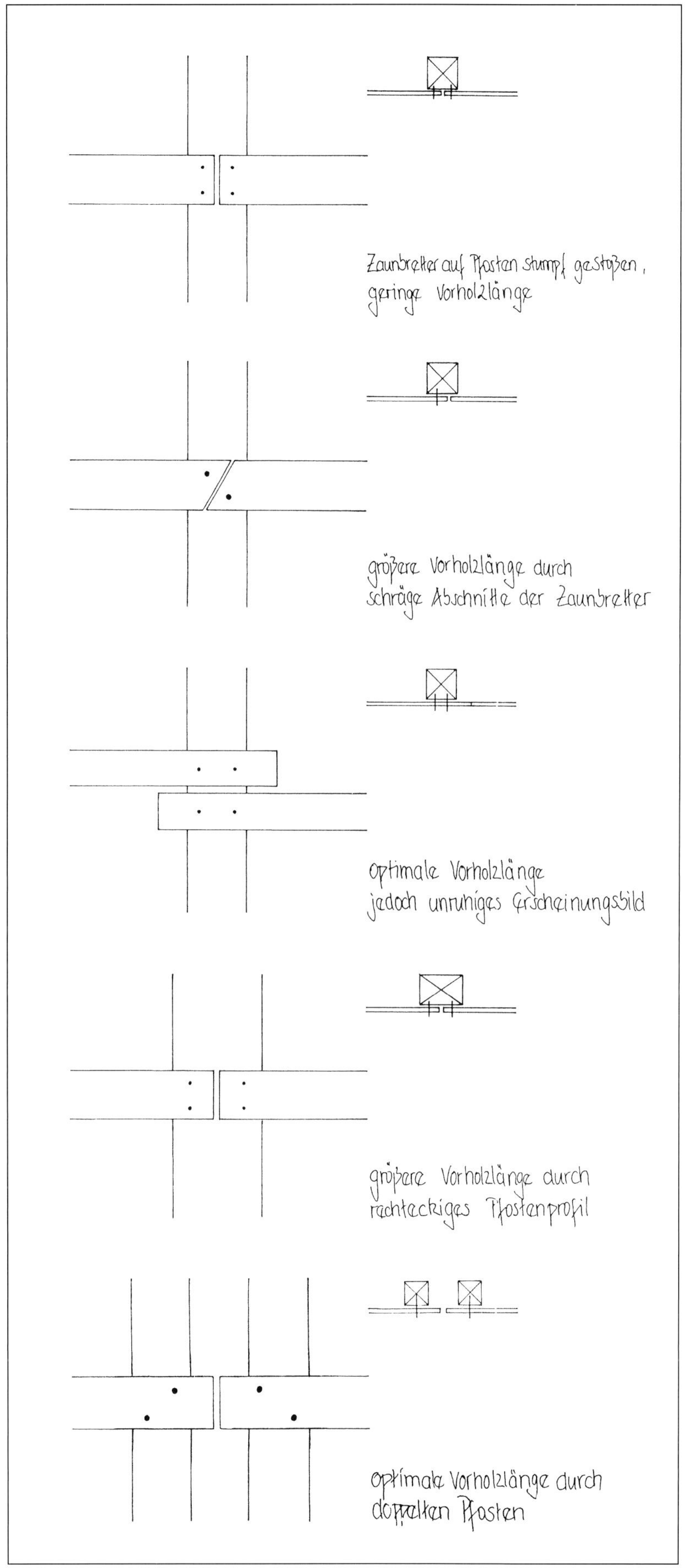
Zaunbretter auf Pfosten stumpf gestoßen, geringe Vorholzlänge
größere Vorholzlänge durch schräge Abschnitte der Zaunbretter
optimale Vorholzlänge jedoch unruhiges Erscheinungsbild
größere Vorholzlänge durch rechteckiges Pfostenprofil
optimale Vorholzlänge durch doppelten Pfosten

Metallbau

Obgleich es ein breites Angebot an vorgefertigten Zäunen und Toren aus Aluminium gibt, kommen für eine handwerkliche Ausführung in Metall vor allem Stahl oder Edelstahl in Frage. Historische Repliken werden aus *Schmiedeeisen* gefertigt, vereinzelt auch aus *Gusseisen*, während bei modernen Gestaltungen *Walzstahl* bzw. *Profilstahl* verwendet wird. Da in diesem Buch nur zeitgenössische Lösungen vorgestellt werden sollen, sind alle ausgewählten Beispiele in Walz- bzw. Profilstahl ausgeführt. Walzstahl gibt es in Form von Bandstahl, Flachstahl, Rundstahl, Quadratstahl, Rund- oder Rechteckstahlrohren und Profilstahl, der nach HE-, IPE-, T-, U-, L- und Z-Profile unterschieden wird. Für die Füllungen kommen außer den genannten Walzstahlprodukten auch geschlossene Bleche, Lochbleche, Streckmetalle oder Drahtgeflechte in Frage. Auch spezielle Spanndrähte aus Edelstahl oder Drahtgeflechte findet man als Füllungen.

Für die Ausführung von Zäunen und Toren wird *allgemeiner Baustahl* mit der Kurzbezeichnung ST 235 JR (nach alter Nomenklatur ST 37) oder *rostfreier Stahl* verwendet. Rostfreier Stahl – allgemein auch als Edelstahl bezeichnet – hat einen Mindestgehalt von 12 Prozent an Chrom, Nickel oder Molybdän. Er wird in den Qualitätskategorien V2A und V4A angeboten. *Cortenstahl* ist eine spezielle Legierung, die in den siebziger Jahren auf den Markt kam und rein äußerlich vom gewöhnlichen Stahl nicht zu unterscheiden ist. Die Besonderheit des Cortenstahls besteht darin, dass er nur minimal korrodiert. Durch Witterungseinflüsse bildet sich auf der Oberfläche eine dünne Rostschicht, welche die darunter liegenden Schichten vom Sauerstoff abschließt, diese damit vor weiterer Korrosion geschützt werden. Bei der Planung mit Cortenstahl ist unter Umständen zu berücksichtigen, dass sich die erste Rostschicht auswäscht und auf den benachbarten Baustoffen Flecken entstehen.

Korrosionsschutz

Die chemische oder elektrophysikalische Reaktion eines Metalls mit der Atmosphäre wird als Korrosion bezeichnet. Die in der Luft enthaltenen Schadstoffe bilden in Verbindung mit Feuchtigkeit aggressive Säuren und greifen die Oberflächen der Metalle an. Unbehandelter Stahl, der der Witterung ausgesetzt ist, beginnt innerhalb kurzer Zeit Rost anzusetzen.

Kontakte mit anderen Metallen und anderen Legierungen (z.B. den der Schrauben) führen ebenfalls zu Korrosion und die Metalle müssen vor Zersetzung geschützt werden.

Man unterscheidet zwischen konstruktivem und passivem Korrosionsschutz. Der konstruktive Korrosionsschutz besteht darin, dass anstehende Feuchtigkeit vermieden wird, ein schnelles Abfließen des Regenwassers sowie ein gutes Abtrocknen der bewitterten Teile sichergestellt ist und die Berührungsflächen zwischen unterschiedlichen Metallen durch nichtleitende Materialien (z.B. Unterlegscheiben aus Kunststoff) »entkoppelt« sind. Unter passivem Korrosionsschutz wird die Oberflächenversiegelung der Metallteile verstanden, zum Beispiel durch mehrschichtige Anstriche. Ein besonders hochwertiger Korrosionsschutz des Stahls wird durch eine Feuerverzinkung erreicht. Die fertig bearbeiteten Stahlteile werden in einem Säurebad entrostet, gereinigt und dann in ein Bad mit flüssigem Zink getaucht. Dabei entsteht ein schützender Überzug mit einer Dicke von 1/20 bis 1/10 Millimetern.

Aus optischen Gründen oder als ergänzende Schutzmaßnahme können die feuerverzinkten Stahlteile zusätzlich mit einer Lackierung oder einer Einbrennlackierung versehen werden. Farbige Anstriche verlieren im Freiraum leider schon nach wenigen Jahren an Qualität, so dass man am besten eine sehr gedeckte und unauffällige Farbe verwendet, der man die nachlassende Farbqualität nicht ansieht. Zu den beliebtesten Farbtönen gehören die drei mit DB 701, DB 702 und DB 703 kodierten Abstufungen von Eisenglimmergrau, die zur Farbskala der Deutschen Bahn AG gehören.

Neben der Feuerverzinkung bieten auch Kunststoffbeschichtungen einen sehr effektiven Korrosionsschutz. Sie werden durch Tauchen, Spritzen oder Wirbelsintern aufgebracht. Korrosionsschutz mit Kunststoffbeschichtung ist nur bei industriellen Fertigprodukten üblich, zum Beispiel bei Maschendraht- oder Gittermattenzäunen.

Zweiflügelige Toranlage aus Edelstahl an einem innerstädtischen Wohnhaus in Braunschweig

Der Zaun ist ein Naturgesetz ...

Er steht da, als stünde er immer schon da, grenzt eine Wiese ein, durchschneidet einen Wald, begleitet einen Weg, markiert einen Besitz, verwittert, mit mancher Zahnlücke, aber immer wieder erneuert. Geschlechter haben um diesen Zaun gekämpft, er wurde niedergerissen, wieder errichtet, nach vorne gesetzt, wieder zurückversetzt, mancher ließ Blut dafür, bis für alle Zeiten klar war: Hier ist der Anfang, hier ist das Ende, hier beginnt und endet das Unsere, dort endet und mag beginnen das Eure. Der Zaun blieb ...
Hans Karl Peterlini, 2005

Zäune und Tore in der Landschaft

Zäune und Tore in der Landschaft

Der Mensch hat ein natürliches Bedürfnis, seine Lebensräume und Wirtschaftsbereiche zu begrenzen und einzufrieden. Ein Blick auf die Kulturgeschichte zeigt, dass nicht nur Mauern und Hecken, sondern auch Zäune ein seit Jahrtausenden gebräuchliches Element der Grenzziehung sind.

Zäune in der Landschaft definieren Besitzverhältnisse und Funktionsbereiche. Sie stellen oft auch optisch und ästhetisch ein wichtiges Gestaltungselement dar, denn sie gliedern und strukturieren das Landschaftsbild. Sie sind ein deutliches Zeichen der ordnenden und formenden Hand des Menschen, zeugen von seiner Gegenwart und prägen das Bild von Kulturlandschaft. Insbesondere in den dünn besiedelten, kargen Landschaften Nordeuropas sind Zäune und Feldmauern häufig ein sehr charakteristisches Element und oft die einzigen gebauten Spuren des Menschen. Das Regelmaß der Pfosten, die lang gezogenen Horizontalen der Querriegel und selbst die feine Lineatur der Drähte entfalten einen großen formalen Reiz. Besonders in den Wintermonaten, in verschneiter oder von Raureif überzogener Landschaft, bereichern schön ausgeführte Zäune mit ihren Strukturen das Landschaftsbild.

Vor allem Weideflächen und Koppeln werden gegeneinander oder gegen angrenzende Felder und freie Landschaft durch Zäune begrenzt. Leider gibt es heute nur noch selten eine lebendige Kultur von einfachen und dennoch handwerklich ansprechend ausgeführten Weidezäunen. In vielen europäischen Landschaftsräumen werden Zäune kaum noch benötigt, da das Vieh nicht mehr auf die Weiden kommt, sondern das ganze Jahr über in den Ställen gefüttert wird. Die traditionellen Holzzäune sind vielerorts längst durch Stacheldraht- oder Elektrozäune ersetzt worden, die vergleichsweise billig sind und sich schnell auf- und abbauen lassen.

Häufig wurden alte Zaunanlagen in der Landschaft auch im Zuge von Flurbereinigungsmaßnahmen und damit verbundenen neuen Grenzziehungen entfernt. Die dann erforderlichen neuen Begrenzungen werden oft nicht in der traditionellen handwerklichen Form wiederhergestellt. Dauerhafte Pferdekoppeln im Bereich von Reitanlagen und Gehöften sind jedoch nach wie vor meist durch stabile und solide konstruierte Weidezäune aus Holz oder Metall eingefriedet. Hier sind auch gelegentlich sehr elegante, lackierte Weidezäune zu finden, die dem Umfeld der Reiterhöfe große Noblesse verleihen und die Gehöfte mit der umgebenden Landschaft vernetzen. In England, Irland und Schottland, wo das Landleben besonders kultiviert wird, sind oft auch Schafweiden von sehr ästhetischen und relativ aufwendig gestalteten Holzzäunen umschlossen.

Auch Wanderwege werden in verschiedenen Teilen von Zäunen begleitet: Als Handlauf oder Absturzsicherung an besonders steilen Wegabschnitten werden Zäune genauso eingesetzt wie als Brüstungen an Aussichtspunkten und anderen exponierten Stellen. Häufig werden die wegbegleitenden Zaunkonstruktionen aus direkt vor Ort verfügbarem Holz gebaut, um den aufwendigen Materialtransport über schmale Pfade zu vermeiden. Die talseitig errichteten Zaunelemente folgen dem Verlauf des Wanderwegs und zeichnen so eine malerische Linie in die Landschaft.

Der rustikale Holzzaun begleitet talseitig einen Wanderweg; Insel Salina, Italien

Weidezäune und Tore aus Holz

Einfache Weidezäune aus Holz

Wer ein Auge für die Schönheit gut konstruierter, einfacher Dinge hat, wird begeistert sein von den traditionellen derben Holzzäunen, die man vereinzelt noch immer in vielen europäischen Landschaftsräumen finden kann. Grob gespaltene Hölzer werden sowohl für die Pfosten als auch für die Querriegel verwendet. Da die Pfosten unmittelbar im Erdreich gründen, werden sie bevorzugt aus Harthölzern wie Eiche, Esskastanie oder Robinie ausgeführt und vor dem Einbau im unteren Bereich eventuell noch mit einem Schutzanstrich versehen oder geflämmt. Um den schnellen Wasserabfluss sicherzustellen, werden die Pfosten oben leicht abgeschrägt. Die Querriegel sind je nach Verfügbarkeit ebenfalls in Harthölzern ausgeführt und haben eine Spannweite von zwei bis drei Metern. Sie sind entweder in die Pfosten eingezapft oder aufgenagelt.

Der früher zwangsläufig gegebene enge Bezug der verwendeten Materialien zur umgebenden Landschaft hat heute aufgrund der günstigen Transportmöglichkeiten an Bedeutung verloren. So kann man beispielsweise Kastanienholz-Zäune auch in Gegenden antreffen, in denen es dieses Holz eigentlich gar nicht gibt. Am überzeugendsten fügen sich allerdings nach wie vor die Materialien in eine Landschaft ein, die einen regionalen Bezug haben.

Weit verbreitet sind Zäune, an denen sowohl für die Pfosten als auch für die Querriegel unbearbeitete oder geschälte Rundhölzer mit einem Durchmesser von 10 bis 15 Zentimetern verwendet werden. Da es technisch nicht möglich ist, zwei runde Querriegel auf einem Rundpfosten stumpf zu stoßen und solide aufzunageln, werden die Querriegel meist höhenversetzt angeordnet. Oft wird das technische Problem der Verbindung dreier Holzteile jedoch auch dadurch gelöst, dass statt einzelner Pfosten Pfostenpaare eingebaut und mit einem Steg zu einem leiterartigen Element verbunden werden. In die einzelnen Felder dieser »Leiter« werden dann die von rechts und links kommenden Rundhölzer lose eingelegt. Diese Zaunkonstruktionen sehen sehr schön aus und bieten den Vorteil, dass jedes einzelne Zaunfeld bei Bedarf mit wenigen Handgriffen geöffnet werden kann. Die Querriegel werden einfach verschoben oder herausgezogen, und schon wird ein ganzes Zaunfeld auf voller Breite zum Durchgang.

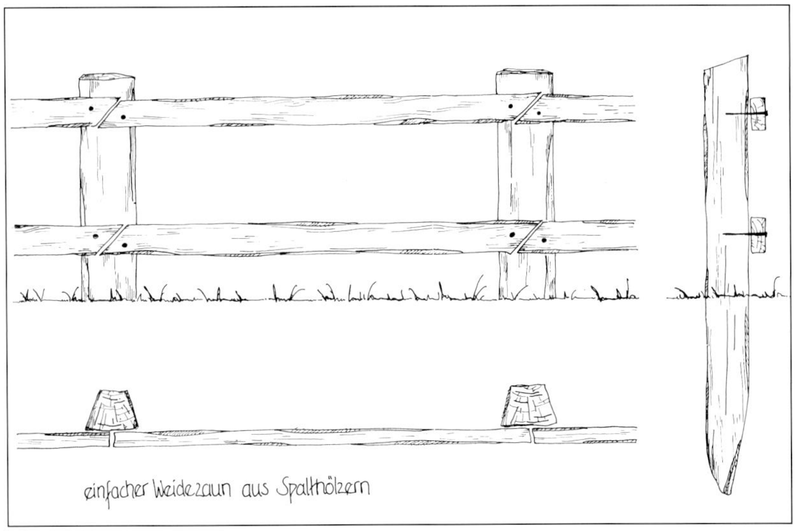

oben links: Zaun mit paarweise angeordneten Pfosten und lose eingelegten Rundhölzern; Kinzigtal, Schwarzwald
oben rechts: Holzzaun aus Rundhölzern, »Mikadozaun«; Kinzigtal, Schwarzwald
unten links und rechts: Zaun mit Pfosten und Querriegeln aus grob gespaltenen Hölzern, Ausführung ohne Nagelverbindungen; East Sussex, Großbritannien

Holzzäune ohne Nagelverbindungen

In Zeiten, in denen Nägel eine Kostbarkeit waren, wurden Zaunkonstruktionen entwickelt, die ohne Nagelverbindungen auskommen. In verschiedenen europäischen Kulturen fand man zu einer Konstruktion, bei der statt eines Einzelpfostens ein kreuzförmig verschränkter Doppelpfosten aus Rundhölzern verwendet wird. Die Kreuzverbindung konnte auch durch eine Verschnürung mit Seilen oder Weidenruten hergestellt werden. Die Querriegel bestehen aus langen Rundhölzern, die jeweils diagonal von der unteren Kehle des einen Pfostens zur oberen Kehle des nächsten Pfostens geführt werden und dann noch auskragen. Es ergibt sich ein etwas wildes, mikadoartiges Erscheinungsbild. Man wird diesen Zaun, den man heute vor allem im Umkreis von Heimatmuseen findet, nicht als zeitgemäße Lösung einschätzen, doch die Intelligenz dieser einfachen Konstruktion ist zu bewundern.

Die »Blockbauweise«, bei der Langhölzer über Eck aufeinander geschichtet werden, gehört zu den ältesten Konstruktionsprinzipien des Holzbaus. In vergleichbarer Technik können auch Zäune errichtet werden (siehe Skizze Seite 25). Die einzelnen Hölzer werden nicht, wie beim Errichten eines Hauses, an den Ecken ausgenommen, so dass sich für den Zaunbau der gewünschte Abstand gewissermaßen automatisch ergibt. Die Hölzer werden einfach bis zur gewünschten Höhe gestapelt. Sofern Kant- oder Spalthölzer und keine Rundhölzer verwendet werden, können diese Zäune ohne Nagelverbindungen ausgeführt werden. Um die notwendige Stabilität und an den Verbindungspunkten eine sichere Auflage zu erreichen, ist allerdings unbedingt eine Linienführung im »Zickzack« notwendig. Dadurch hat diese Zaunkonstruktion großen Platzbedarf und ist mit hohem Materialverbrauch verbunden. So findet man den beschriebenen Zauntyp vorwiegend in holzreichen Landschaften, zum Beispiel in den Neuenglandstaaten der USA. Diese Zäune werden im englischen Sprachraum *waddle fences* genannt, was etwa mit »Watschelzäune« zu übersetzen ist.

Spaltholzzäune

In England und Frankreich entdeckt man immer wieder sehr schöne einfache Weidezäune aus vertikalen, mit Draht verbundenen Spalthölzern von Eichen- oder Esskastanien. Dieser auch als »Wickelzaun« bezeichnete Typ wird in regelmäßigen Abständen von zwei bis drei Metern an Holzpfosten befestigt. Die aufgewickelten Spalthölzer haben angespitzte Fußpunkte, so dass sie bei Bedarf zur Stabilisierung des Zauns etwa 10 Zentimeter in den Boden eingeschlagen werden können. Diese Art transportabler Zäune wurde in Zeiten vor der Erfindung des Elektrozauns auch von wandernden Schafhirten für den nächtlichen Pferch benutzt. Man kann Wickelzäune heute als Fertigprodukte in Rollenform recht kostengünstig beziehen. Die auf Draht gewickelten Spaltholzzäune, die leicht abzubauen und an anderer Stelle wieder zu verwenden sind, können hervorragend für temporäre Umzäunungen eingesetzt werden. Sie sind aber auch für dauerhafte Garteneinfriedungen im dörflichen Bereich sehr gut geeignet.

Klassische Bretterzäune mit Vierkantpfosten, Brettern als Querriegeln und sattelförmig abgeschrägtem Abdeckprofil; beide Beispiele aus Schottland

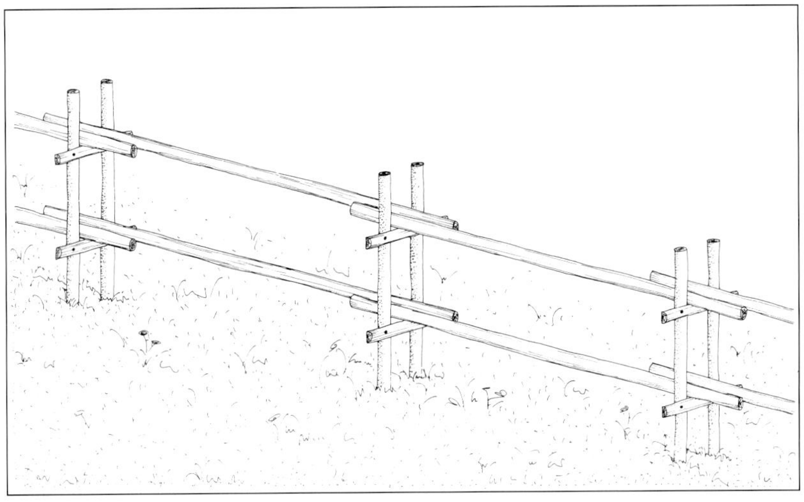

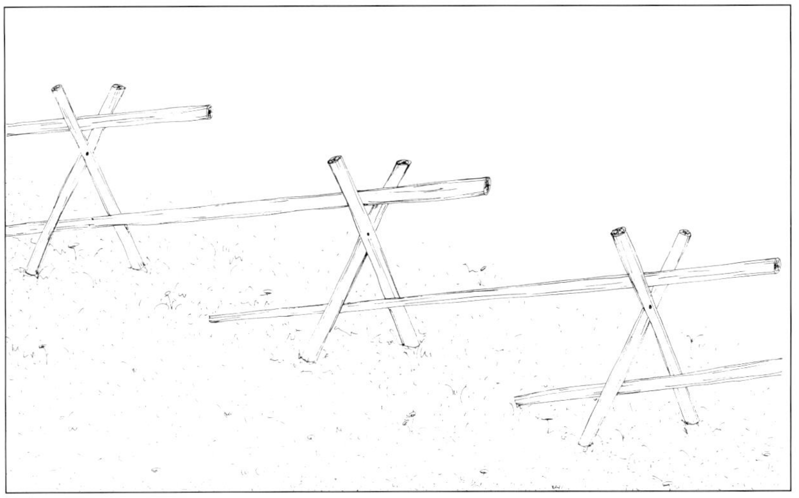

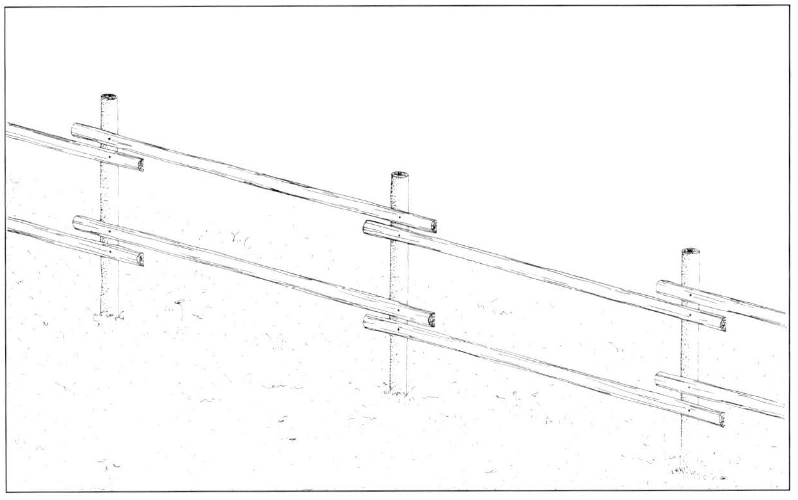

oben links: Zaun mit Doppelpfosten und lose eingelegten, verschiebbaren Rundhölzern
oben rechts: »Mikadozaun«
unten links: »Watschelzaun« (*waddle fence*)
unten rechts: Der Zaun mit versetzt angeordneten Querriegeln wirkt zwar etwas unruhig, die Verbindungen zwischen Pfosten und Riegel sind jedoch wegen der größeren Vorholzlänge wesentlich solider als bei stumpf gestoßenen Querriegeln.

Weidezäune sind oft ein sehr ausdrucksstarkes und malerisches Element in der Kulturlandschaft. Ausführung aus Rund- und Halbhölzern; Beispiel aus dem Kanton Appenzell, Schweiz.

Der Spaltholzzaun, auch »Wickelzaun« genannt, besteht aus gespaltenen Esskastanienhölzern, die mit Draht verbunden sind; Beispiel aus Kent, Großbritannien.

Bretterzäune

Die wohl gebräuchlichsten Holzzäune im Landschaftsraum bestehen aus Pfosten mit rundem oder rechteckigem Querschnitt, auf die je nach Bedarf zwei bis fünf Bretter als horizontale Querriegel aufgenagelt werden. Wird mehr Geschlossenheit gewünscht, werden zusätzlich Bretter oder Staketen vertikal aufgenagelt. Die Pfosten haben üblicherweise Abstände zwischen zwei und drei Metern, und zur Vermeidung stehenden Wassers werden sie oben abgeschrägt oder mit einer sorgfältig ausgeführten Pyramidenspitze versehen. Gelegentlich wird die Pfostenspitze auch mit einem leicht geneigten Brett als so genanntes »Verschleißteil« abgedeckt. Für die Pfosten wird neben quadratischen Holzprofilen von 12 x 12 bis 14 x 14 Zentimetern oft auch ein Rechteckprofil von 10 x 14 oder 12 x 16 Zentimetern gewählt, so dass die Anschlussflächen für das Aufnageln der horizontalen Bretter etwas günstiger bemessen sind.

Bei Bretterzäunen findet man eine große stilistische Vielfalt, die sich vor allem aus den Profilabmessungen und den Oberflächen der verwendeten Bretter ergibt. Ein Zaun mit sägerauen naturvergrauten Brettern präsentiert sich völlig anders als ein Zaun, bei dem die Bretter mit Holzschutzlasur versehen oder gehobelt und lackiert sind. Eine konstruktionsbedingte Variante des Erscheinungsbildes entsteht durch die Aufbringung eines Abdeckprofils: der Zaun wird mit einer satteIförmigen Abdeckung versehen, die auf die Pfostenköpfe aufgenagelt und oft auch zusätzlich noch mit einer Blechlasche befestigt wird. Durch das kräftige Abdeckprofil wird die Stabilität der Gesamtkonstruktion deutlich erhöht und die Oberkante des Zauns optisch hervorgehoben.

Ländlicher Baumschutz

Oft müssen junge Bäume, vor allem Obstbäume, auf Weideflächen vor dem Vieh geschützt und deswegen umzäunt werden. Einerseits sind die Triebe vor Verbiss zu schützen, andererseits gilt es, das Weidevieh daran zu hindern, sich an den jungen Bäumen zu reiben und sie durch den ausgeübten Druck eventuell sogar umzuknicken. Durch ein stabiles Dreieck oder Karree aus Zaunelementen mit entsprechendem Abstand zu Stamm und Baumkrone werden die Bäume von der Weide abgetrennt.

In England findet man häufig auch Baumschutzelemente aus Metall. Als Sonderteile, die aus mehreren verschraubbaren Kreissegmenten bestehen, gehören sie zum Fertigungsprogramm der auf den Seite 34 bis 37 beschriebenen Systemzäune.

links: Einfacher Bretterzaun; die Pfostenköpfe sind mit einem kleinen, schräg geführten Brett als Verschleißteil abgedeckt.
rechts: Klassischer Bretterzaun; die Pfostenköpfe sind mit einem durchgehenden Abdeckprofil geschützt.

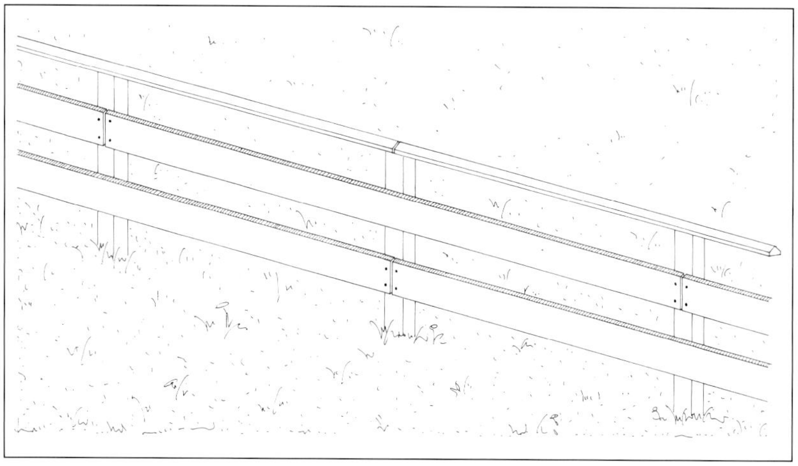

oben und Mitte: Die eleganten, weiß lackierten Bretterzäune
binden die Farmhäuser sehr schön in die Landschaft ein;
beide Beispiele aus dem Nordosten der USA.
unten links: Lackierter Bretterzaun um einen Longierplatz
bei einem Landhaus in Dänemark
unten rechts: Baumschutz auf einer Schafweide;
Schwäbische Alb

Weidetore aus Holz

Weidetore werden meist als breite einflügelige Tore ausgeführt, sie bestehen aus vertikalen Rund- oder Kanthölzern und horizontalen Brettern oder Halbhölzern. Die Tore sind mit zwei bis drei Metern in der Regel so breit, dass eine Zugmaschine bequem durchfahren kann. Durch die üppigen Abmessungen haben die Tore ein hohes Eigengewicht, so dass sehr stabile, geschmiedete Scharnierbänder und solide gegründete Anschlagpfosten erforderlich sind. Um die notwendige Aussteifung des Torflügels zu erreichen, wird meist ein recht auffälliges und charakteristisches Diagonalholz eingebaut, das vom oberen Scharnier zur unteren Außenecke des Tors verläuft und so in der Ansicht eine Z-Kontur zeichnet. Dieses Diagonalholz erfüllt die statische Funktion eines Zugbandes. Statt des oben beschriebenen Z-förmig angebrachten Diagonalholzes werden die Aussteifungsbretter oft auch als diagonales Kreuz oder Doppelkreuz angeordnet. Dabei sind allerdings die zum oberen Scharnier verlaufenden und auf Zug beanspruchten Bretter statisch wesentlich wichtiger als die gegenläufigen Bretter. Durch die Anordnung der Aussteifungen wird das optische Erscheinungsbild eines Weidetors ganz wesentlich geprägt. Um die Stabilität der Gesamtkonstruktion zu erhöhen und die Effektivität des vertikalen Holzprofils, an dem das Tor angeschlagen ist, zu verstärken, ist dieses oft um vierzig bis siebzig Zentimeter nach oben verlängert, was auch gestalterisch sehr ansprechend sein kann (siehe Skizze Seite 32 und 128).

Die Weidetore werden oft nur mit einem Seil, einer Kette oder einem Bügel verschlossen, die über den angrenzenden Zaunpfosten gelegt werden. Bei vorbildlich ausgeführten Toren findet man jedoch auch bemerkenswert schöne Beschläge, wie zum Beispiel einen Federbügel, der in verschlossenem Zustand in eine Kerbe des Pfostens eingreift.

Fußgängertore in Weidezäunen

In vielen Kulturlandschaften, vor allem aber in den Alpen und im ländlichen Großbritannien, werden öffentliche Fußwege und Wanderwege auch quer durch Weideflächen geführt. Es bedarf hier leicht zu öffnender und wieder zu verschließender Durchgangstörchen. Da Unachtsamkeit beim Verschließen der Tore ein Ausbrechen des Weideviehs und damit erheblichen Schaden nach sich ziehen würde, hat man verschiedene Konstruktionen entwickelt, deren Sicherheit nicht von der Gewissenhaftigkeit der Benutzer abhängt. Da gibt es zum Beispiel Pendeltörchen in V-förmigen oder U-förmigen Nischen (siehe auch Skizzen Seite 36). Diese Törchen sind für Wanderer bequem zu benutzen, für Weidetiere jedoch unpassierbar. Je nach Ausführung ist der zur Verfügung stehende Bewegungsraum in diesen Törchen recht unterschiedlich, was vor allem dort bedacht werden sollte, wo Wanderer mit größeren Rucksäcken unterwegs sind. Ist das Pendel zu knapp bemessen, kann man mit viel Gepäck schon mal in so einer Konstruktion stecken bleiben.

Oft werden auch kleine hölzerne Treppen oder Leitern über den Zaun gebaut, mit deren Hilfe die Weidezäune von Wanderern überwunden werden können. Gelegentlich findet man Durchschlupföffnungen, deren mit Brettern verstärkte trichterartige Form für die Weidetiere zu schmal, für Fußgänger jedoch gut passierbar ist.

links: Durchschlupf für Wanderer in einem Weidezaun
rechts: Fußgängertörchen in einem Weidezaun

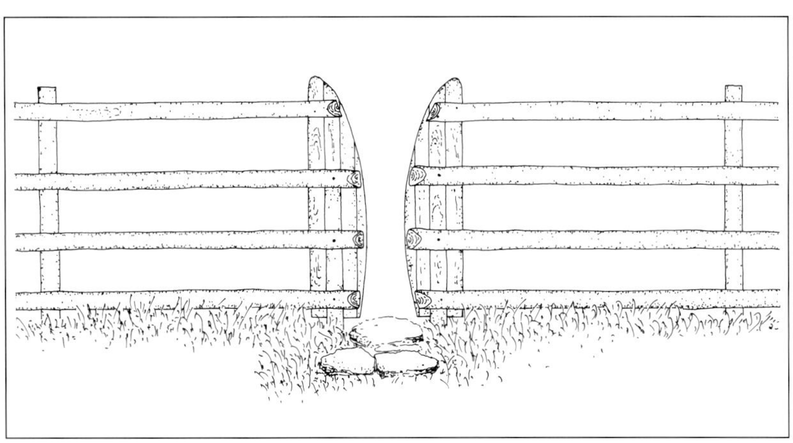

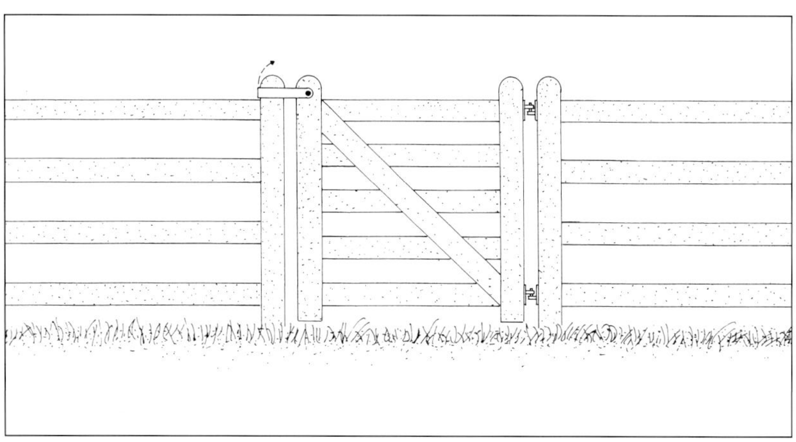

oben links: Törchen in einer Natursteinmauer; Malham Cove, Großbritannien
oben rechts: Durchschlupf in einem Weidezaun; Mourne Mountains, Irland
unten: Breites Weidetor mit überlanger Aussteifungsdiagonale und seitlicher Stabilisierung; Montana; USA

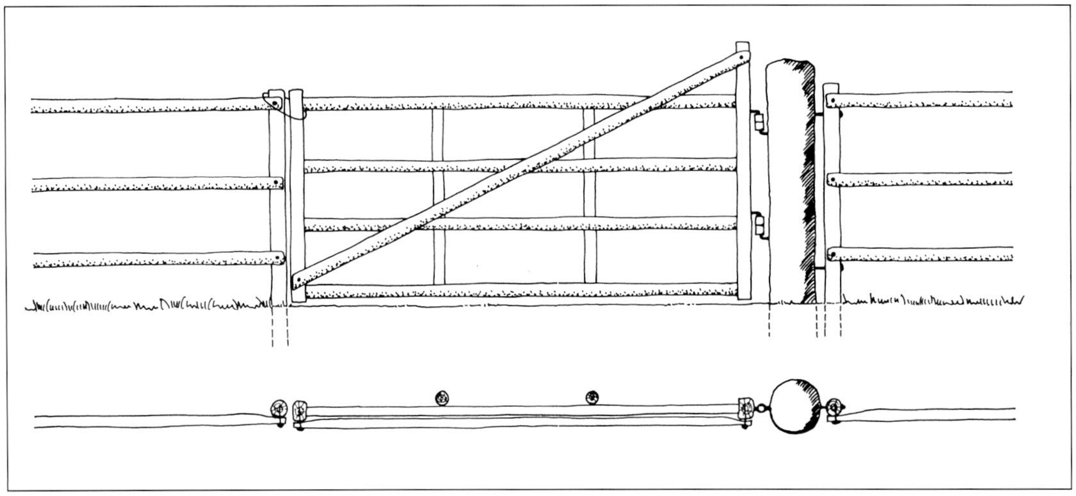

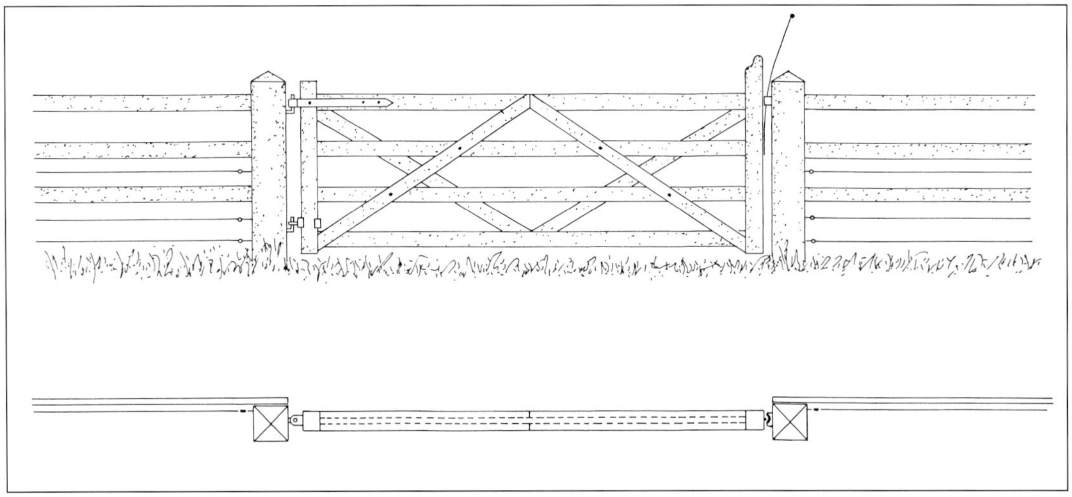

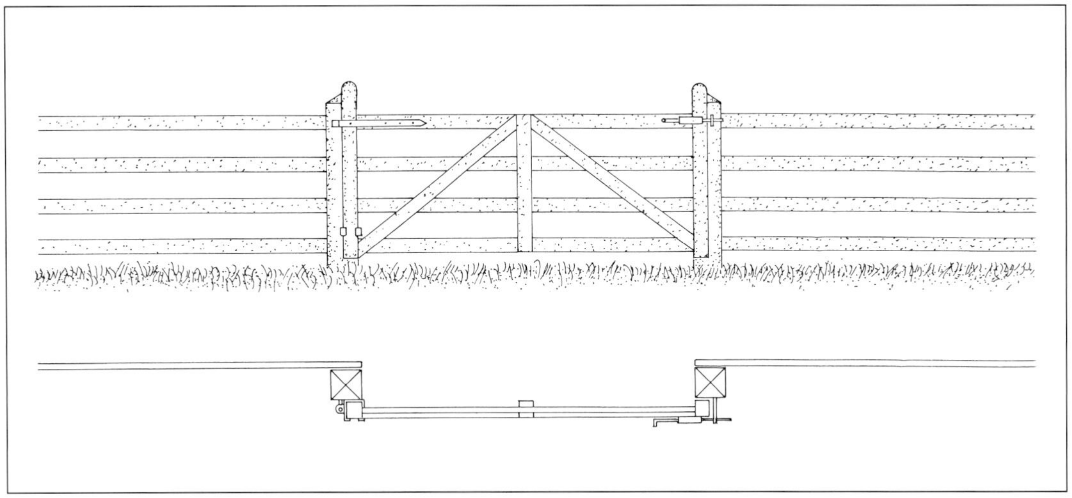

Sehr solide ausgeführtes Weidetor aus Kanthölzern und stark dimensionierten Brettern, auch die Beschläge sind vorbildlich; Beispiel aus Cornwall, Großbritannien.

linke Seite: Typische Gestaltungsformen von Weidetoren aus Holz

Weidezäune und Tore aus Metall

Weidezäune aus Metallprofilen

Im Umfeld englischer Landhäuser findet man oft sehr schöne Weidezäune aus Metall. Sie bestehen meist aus vertikalen Flachstahlprofilen in Abmessungen von 8 x 40 Millimetern und horizontalen Rundstabprofilen mit 20 Millimetern Durchmesser. Mitunter sind auch die Horizontalstreben in 8 x 25 Millimeter Flachstahl und lediglich die oben abschließende Horizontale als massiver Rundstab ausgeführt. Die Zäune bestehen aus seriell vorgefertigten Standardelementen von zwei Metern Länge und 1,20 Metern Höhe, die an den Stößen verschraubt werden. Alternativ kann man das so genannte *Continous Fencing*, ein Endlossystem zum Selbstaufbau, verwenden. Die Zäune erhalten ihre Stabilität einerseits durch schräge Absprießungen, vor allem aber durch eine Bodenverankerung in Form eines Doppelspießes. Durch leichte Richtungsänderungen an den Stößen der einzelnen Zaunsegmente lassen sich die Zäune nicht nur geradlinig einbauen sondern auch in großzügig bemessenen Radien. Für leichte Steigungen und Gefälle weist das System ein zusätzliches Loch zur Verschraubung auf, so dass der Anschluss leicht versetzt hergestellt werden kann. Bei der Verwendung in stark geneigtem Gelände werden die vorgefertigten Zaunsegmente vorher in der Schlosserwerkstatt entsprechend verzogen, oder es müssen Sonderanfertigungen eingesetzt werden.

Die beschriebene Form von Metallzäunen ist bereits auf Photos von englischen Landsitzen aus der Zeit des beginnenden 20. Jahrhunderts zu erkennen. Noch heute wird dieser Zauntyp in nahezu unveränderter Form als standardisiertes Produkt von mehreren Herstellern angeboten. Als *Paddock Fencing* werden sie zumeist für die Einfriedung von Pferdekoppeln oder als zurückhaltende Grenzziehungen zwischen frei zugänglichen Zufahrtswegen und privaten Parkanlagen verwendet. Oft werden auch Sonderbereiche auf den ausgedehnten Weideflächen, etwa kleine Tümpel oder Weiher, Schonungen oder neu gepflanzte Baumgruppen durch diese Zäune abgesperrt und geschützt.

Aufgrund der knapp bemessenen Profile wirken die Metallzäune sehr transparent und filigran. Die meist glänzend schwarze Lackierung verleiht ihnen ein elegantes Aussehen. Gelegentlich findet man diese Zäune auch in feuerverzinkter Ausführung oder in vollkommen unbehandeltem Stahl, der sich dann in einem lebhaften Rostton sehr gut in die Umgebung einfügt.

Fußgängertore aus Metallprofilen

Zum Herstellerprogramm der beschriebenen Metallzäune gehören traditionell auch ein- oder zweiflügelige breite Tore und kleine Fußgängertörchen, die an schweren gusseisernen Pfosten angeschlagen sind. Oft haben diese Tore und Törchen einige dezente Dekorelemente, so dass sie sich von der Linie des Zauns etwas absetzen und dadurch deutlich zu erkennen sind. Die Verriegelungsmechanismen zeigen eine große und höchst interessante Vielfalt, so zum Beispiel einen Stahlstift, der in eine Bohrung im benachbarten Stahlpfosten eingeführt wird.

Als bemerkenswerte Alternative zu einem *normalen* Durchgangstörchen wird manchmal auch ein Durchschlupfelement angeboten, das sich aus einer besonderen Ausformung der Enden zweier Einzelelemente ergibt. So entsteht eine trichterförmige Öffnung, die unten etwa zwanzig Zentimeter und in der oberen Hälfte etwa vierzig Zentimeter breit ist. Weidetiere können sich durch diese Öffnung nicht hindurchzwängen, für Fußgänger mit normaler Statur ist der Durchgang jedoch problemlos zu benutzen. Außerdem werden verschiedene Varianten von Pendeltörchen angeboten (siehe Skizzen Seite 36 unten).

Weidezaun aus seriell vorgefertigten Stahlelementen, die miteinander verschraubt und im Boden durch Doppelspieße verankert werden. Durch ihr sehr transparentes und filigranes Erscheinungsbild wirken diese in ganz Großbritannien weit verbreiteten Zäune sehr elegant. Beispiel aus Montacute, Somerset, Großbritannien.

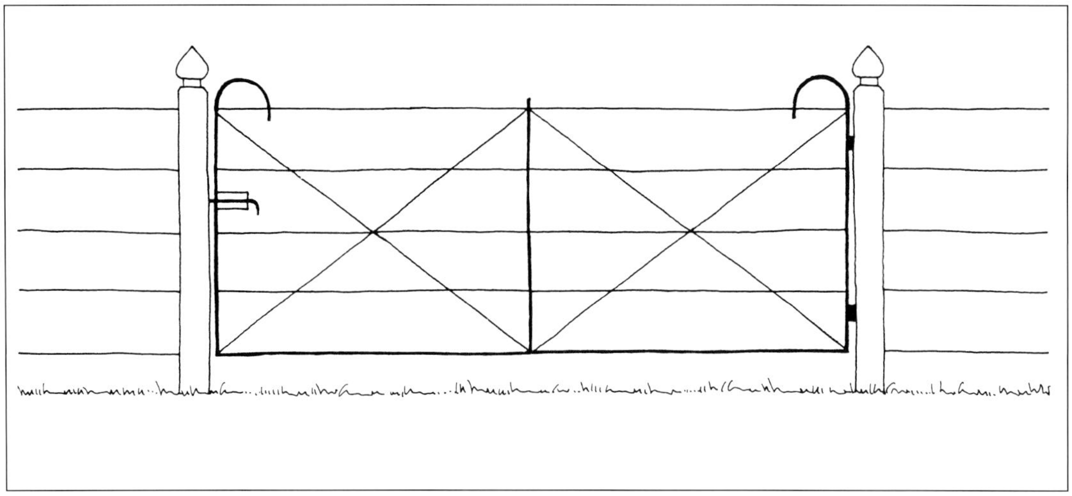

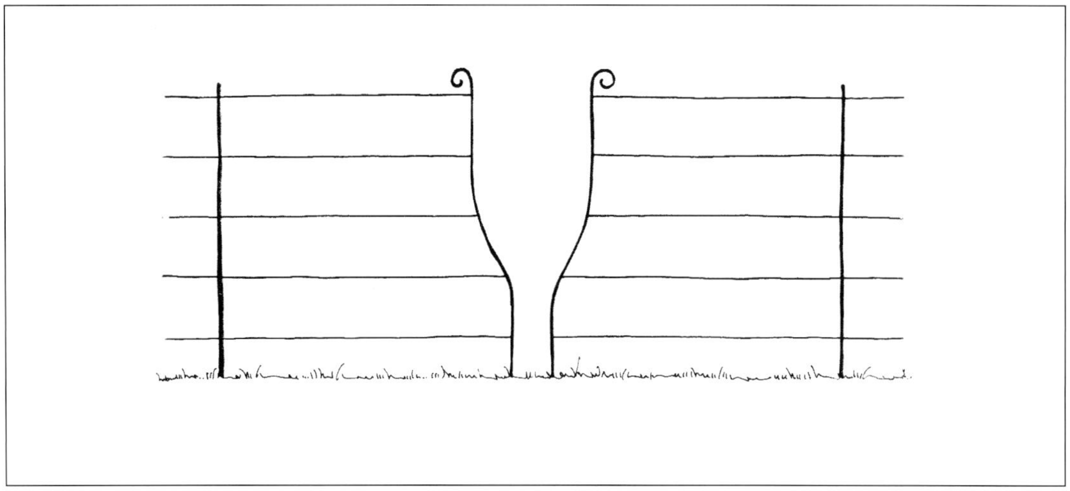

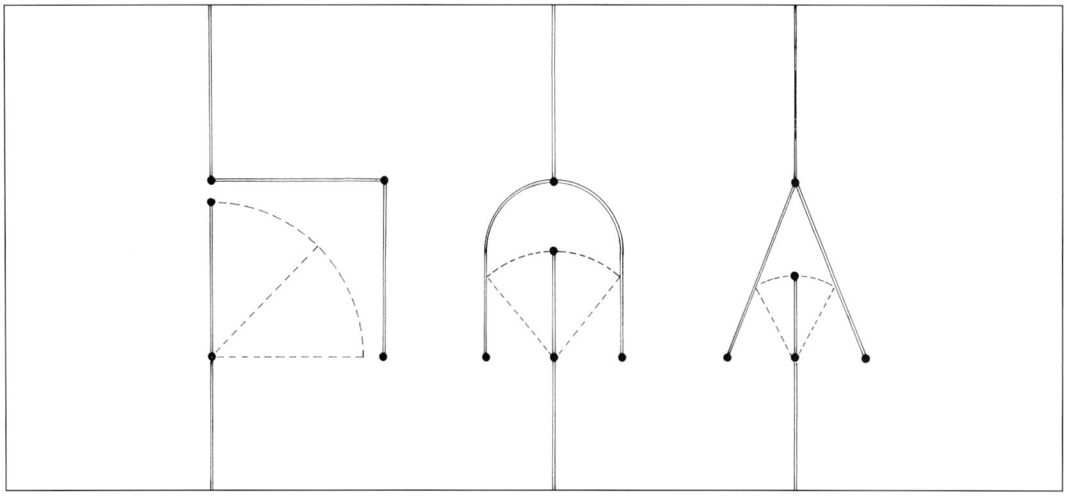

Zum Produktprogramm der seriell gefertigten Stahlzäune gehören auch Weidetore, Fußgängertore und Durchschlupfelemente und Pendeltörchen. Die Pendeltörchen sind seitlich so gefasst, dass sie, unabhängig vom sorgfältigen Verriegeln, immer die erforderliche Geschlossenheit bieten und die Weidetiere nicht ausbrechen können.

Drahtzäune

In den meisten Weidelandschaften werden heute überwiegend Drahtzäune in einer Mischkonstruktion aus Holzpfosten und Spanndrähten verwendet. Historisch gesehen haben sich Drahtzäune zunächst dort durchgesetzt, wo nur wenig oder kein Holz als Baumaterial zur Verfügung stand. Neben den geringeren Kosten sprechen die guten Transport- und Wiederverwendungsmöglichkeiten für eine Verwendung von Drahtzäunen. Auch die Unauffälligkeit der Konstruktion kann ein Argument sein.

Durch sorgfältige Ausführung und Dimensionierung der Pfosten kann auch mit Drahtzäunen ein insgesamt überzeugendes Bild erzielt werden. Wird der Stacheldraht oder der stromführende Draht eines Elektrozauns zum Beispiel an soliden Spalthölzern oder sauber bearbeiteten Kanthölzern befestigt, kann ein optisch sehr interessantes, rhythmisierendes Element in der Landschaft entstehen. In Schottland sieht man gelegentlich auch Zäune mit schwarzlackierten Stahlpfosten in Form von T- oder U-Profilen mit Rundbohrungen, durch die einzelne Spanndrähte gezogen sind. In manchen anderen europäischen Landschaften, zum Beispiel in der Auvergne, Frankreich, werden statt der Spalthölzer oder Metallprofile Granitstelen als Pfosten verwendet. Zur Aufnahme der Spanndrähte sind die Stelen in regelmäßigen Abständen mit Rundbohrungen versehen.

Wildmaschendraht

Junge Bäume von Neupflanzungen in der Forstwirtschaft und in Obstplantagen müssen vor Verbiss geschützt werden, daneben muss man das Wild am Eindringen hindern. Auch entlang den Autobahnen findet der Wildmaschendraht Verwendung, denn der Wildwechsel über die Fahrbahnen könnte sehr gefährlich sein.

Meist wird das so genannte Knotengeflecht aus verzinktem Stahldraht verwendet. Der Abstand der Querdrähte voneinander vergrößert sich von unten nach oben, so dass der Zaun im unteren Teil deutlich engmaschiger ist. So können auch kleinerer Tiere wie Hasen vom Eindringen abgehalten werden. Das Knotengeflecht ist mit Drahtstärken zwischen 1,5 und 2,5 Millimetern im Handel; die Drähte sind ganz oben und unten meist deutlich stärker dimensioniert als die übrigen Querdrähte. Der Drahtzaun wird an Pfosten aus Holz oder Metall befestigt und bei Bedarf durch Verstrebungen und einen zusätzlichen Spanndraht stabilisiert.

links: Zaun aus lackierten U-Profilen und Spanndrähten, Pfostenprofil: 25 x 50 Millimeter, Pfostenabstand: 2,00 Meter; Gullane, East Lothian, Schottland
rechts: Zaun aus durchbohrten Natursteinpfosten mit Spanndrähten; Cornwall, England

links: Weidezaun mit Holzpfosten, Maschendrahtgeflecht und Stacheldraht; Insel Iona, Schottland
rechts: Pferdekoppel mit Elektroleitung an stabilen Rundpfosten; Waldburg, Landkreis Ravensburg

Zäune in landschaftlich geprägten Bereichen von Gartenschauen

Landesgartenschau Kehl und Straßburg

Auf der 2004 veranstalteten deutsch-französischen Gartenschau Kehl und Straßburg, die sich auch »Festival de Deux Rives« oder »Rendezvous am Rhein« nannte, wurden mit in das Erdreich eingelassenen Stammabschnitten palisadenzaunartige Begrenzungen geschaffen. In der so genannten »Spiellandschaft«, einem weitgehend naturnah belassenen Randbereich auf der französischen Seite des Ausstellungsgeländes, hat man mit langen Reihen aufgerichteter Baumstämme Begrenzungslinien definiert und dadurch klar ausgewiesene Aufenthaltsbereiche geschaffen. Die Baumstammreihen begleiten die Fußwege und rahmen einen großen ellipsenförmigen Freiraum. Sie stecken die Grenze zwischen der weiten Freifläche mit ihrem kurz geschorenen Gras und dem umgebenden Landschaftsraum mit typischen Auenwiesen ganz deutlich ab. Dabei zeichnen die Baumstämme, trotz ihrer Dimension und ihres machtvollen Auftretens, keine »harte Raumkante«, sondern wirken als ganz selbstverständliches und sehr naturnahes Element. Aufgrund der beschränkten Haltbarkeit der verwendeten Weichholz-Stämme bietet sich dieser gut ins Landschaftsbild sich einfügende Palisadenzaun vor allem als temporäres Gestaltungselement an, das auch relativ preisgünstig herzustellen ist.

Durch die reichlich bemessenen Abstände zwischen den einzelnen Stämmen ergibt sich das Bild einer lockeren Reihung. Trotz der Höhe und Masse der Stämme entsteht keine geschlossene, scharf trennende Wand, sondern eine durchlässige Grenzlinie. Man kann, wenn man will, problemlos zwischen den einzelnen Stämmen hindurchgehen, den vorgegebenen Weg verlassen und in die Naturlandschaft eindringen.

Landesgartenschau Wolfsburg

Die niedersächsische Landesgartenschau 2004 in Wolfsburg umfasste auch die so genannten *Pferdewiesen*. Ausgedehnte Weideflächen des benachbarten Reitvereins waren ins Ausstellungsgelände integriert und entsprechend gestaltet worden. Die einzelnen Bereiche der Koppeln wurden von soliden Zäunen in einem auffälligen, geradezu schrillen Rosa gerahmt. Die Pfosten aus Betonfertigteilen wurden rosarot gestrichen und die zwischen den Pfosten gespannten Nylongurtbänder waren eine rosarote Sonderanfertigung. Der Zaun, begleitet von aufmerksam bepflanzten Wegrändern, verlieh der gesamten Zone eine poppige Heiterkeit. Sicherlich ist dieses Beispiel nur in selten Fällen übertragbar, aber die Idee, einen Zaun gezielt als Farbträger einzusetzen, kann immer mal wieder zur Diskussion stehen.

Landesgartenschau Kehl und Straßburg 2004. Die Baumstämme sind als Palisadenzaun angeordnet, definieren Grenzen und schaffen dadurch klar ausgewiesene Aufenthaltsbereiche und Fußwege in der Rheinauenlandschaft.

Landesgartenschau Wolfsburg 2004;
Weidezaun mit auffällig farbigen Betonpfosten und
Gurtbändern sowie zusätzlich geführten Elektroleitungen

Wer nun gesinnet
einen kostbaren und aus allem
Zubehör bestehenden Garten
nach hiesiger Landesart anzulegen,
der muss auf folgende fünf Punkte
zuförderst Achtung geben:
als da sind
die Gelegenheit des Orts,
der Grund oder Boden,
die Form, die Bezäunung und
die Einteilung des ganzen Werks.
Johann Sigismund Elßholtz, 1684

Zäune und Tore im dörflichen Umfeld

Zäune und Tore im dörflichen Umfeld

Im Umfeld von Freilichtmuseen sind sehr oft vorbildlich ausgeführte Holzzäune zu finden; Lattenzaun und Törchen in Wolfegg, Landkreis Ravensburg.

Die Begrenzung und Einfriedung von Gartenbereichen im dörflichen Umfeld dient vor allem dem Schutz vor unerwünschten Eindringlingen. Blumen und Gemüse der Bauerngärten müssen auch in unmittelbarer Hausnähe vor dem Verbiss durch Tiere geschützt werden. Ein Zaun um den so genannten Hühnergarten schützt das Geflügel vor dem Fuchs. In exponierten Lagen übernimmt ein geschlossener Zaun auch die Funktion eines Windschutzes und trägt deutlich zur Verbesserung des Kleinklimas im Garten bei. Durch den Zaun wird der Bauerngarten als besonders schützenswerter Bereich gekennzeichnet und hervorgehoben. Neben der Schutzfunktion übernimmt der Zaun häufig aber auch repräsentative Aufgaben und wird gezielt als ein gestalterisches Element eingesetzt.

Holzzäune sind die einfachsten und preiswertesten Zaunkonstruktionen. Sie sind als Fertigelemente oder Systembauteile im Holzhandel zu beziehen, können aber auch ganz individuell und trotzdem kostengünstig in Einzelanfertigung vom Handwerker ausgeführt werden.

Der Anspruch an die Solidität und der gewünschte Grad an Transparenz haben immer großen Einfluss auf die Art der Zaunkonstruktion und die verwendeten Materialien. Die grundlegenden Konstruktionselemente aller Holzzäune sind Pfosten, Querriegel und Füllung. Die Pfosten verankern den Zaun im Boden und sind für einfache Holzzäune meist in Holz oder Metall ausgeführt. Die Holzpfosten, entweder Rundhölzer oder Kanthölzer, werden meist nur ins Erdreich eingeschlagen und nicht aufwendig fundamentiert. Aus Gründen des konstruktiven Holzschutzes ist bei Pfosten auch die Verwendung von vorgefertigten Metallschuhen ratsam. So wird der direkte Erdkontakt des Holzes vermieden. Metallpfosten werden in der Regel in vorbereitete Köcherfundamente eingebaut oder mit Punktfundamenten verankert. In einigen Regionen hat auch die Verwendung von monolithischen Natursteinpfosten oder gemauerten Pfeilern Tradition.

Die einzelnen Zaunpfosten werden durch Querriegel aus Holz- oder Metallprofilen verbunden. Diese dienen nicht nur zur Befestigung der senkrecht angebrachten Füllungen, sondern auch zur Aussteifung der Gesamtkonstruktion.

Das Erscheinungsbild eines Zauns wird vor allem durch die Ausführung der Füllung bestimmt. Hier kommen senkrecht eingebaute Staketen und Latten in Frage oder Bretter, die sowohl vertikal als auch horizontal angebracht werden können. Je nach Dimensionierung der verwendeten Hölzer, der Breite der Zwischenräume und den verschiedenen Ausführungsdetails ergeben sich unzählige Gestaltungsmöglichkeiten für Holzzäune.

Rundholz-Staketenzäune zur Einfriedung von Bauerngärten; beide Beispiele in Illerbeuren bei Memmingen

Staketenzäune

Eine ganz einfache, rustikale Ausführung eines Holzzauns ist der aus rohem oder geschältem Holz konstruierte Staketenzaun. Er ist ein gängiges Gestaltungselement des dörflichen Bereichs und gehört zum gewohnten Bild des Bauerngartens. Die Bezeichnung Stakete hat denselben Wortursprung wie Stecken, Stange oder Stock. Im Unterschied zur gesägten Latte mit einem rechteckigen Profilquerschnitt ist eine Stakete rund oder halbrund. Die senkrecht auf die Querriegel aufgebrachten Staketen bestehen entweder aus gänzlich unbearbeiteten Hölzern beziehungsweise einfachen Ästen oder aus mehr oder weniger bearbeiteten Rundhölzern, gespaltenen oder gefrästen Halbhölzern. Die einzelnen Staketen mit Längen zwischen 80 und 180 Zentimetern haben einen Durchmesser von etwa 6 Zentimetern. Sie werden meist mit Abständen von 4 bis 6 Zentimetern am oberen und unteren Querriegel aufgenagelt oder angeschraubt. Besteht der Wunsch nach besserem Sichtschutz oder nach mehr Winddichtigkeit, können die Staketen auch enger, eventuell sogar ohne Abstand, dicht an dicht angebracht werden, wodurch allerdings der typische Charakter des Staketenzauns verloren geht.

Da Nägel in vorindustrieller Zeit nicht immer in großen Mengen zur Verfügung standen, wurden auch nagellose Konstruktionen ersonnen: mit Hilfe von Schnüren oder dünnen Weidenruten wurden die Staketen kunstvoll an den Querriegeln verknotet und fixiert.

Die Köpfe der Staketen sind angespitzt oder abgeschrägt, damit das Regenwasser schnell abgeleitet und die Lebensdauer der Hölzer erhöht wird. Außerdem erschweren die Spitzen bei entsprechender Zaunhöhe ein unbefugtes Überklettern. Die Pfosten und Querriegel sind in der Regel auf der Rückseite des Staketenzauns angeordnet, damit sich auf der Vorderseite, also zum Weg oder zur Straße hin, eine einheitliche Reihung präsentiert.

Ein rustikaler Staketenzaun kann sich in seiner Linienführung durchaus in Maßen dem Geländeverlauf anpassen, verlangt nicht unbedingt nach einer perfekten Horizontalität, wie man sie bei Latten- und Bretterzäunen wünscht.

Der Pflegeaufwand für Staketenzäune und sonstige unbehandelte Holzzäune ist relativ gering, da unbehandeltes, naturvergrauendes Holz nicht nachbehandelt werden muss. Arbeitsintensives Abschleifen und Nachstreichen erübrigen sich also. Die Veränderung des Erscheinungsbildes ist einkalkuliert, die erwünschte Oberfläche des unbehandelten Holzes wird oft erst durch die Patina erreicht. Bei ohnehin rauen und etwas unregelmäßigen Hölzern werden Gebrauchsspuren nicht als Mangel, sondern als durchaus sympathische Alterungserscheinung des Naturmaterials akzeptiert. Durch die einfache Konstruktion eines Staketenzauns lassen sich bei Bedarf auch einzelne Staketen problemlos austauschen, so dass die Funktionstüchtigkeit des Zauns über einen langen Zeitraum aufrechterhalten werden kann.

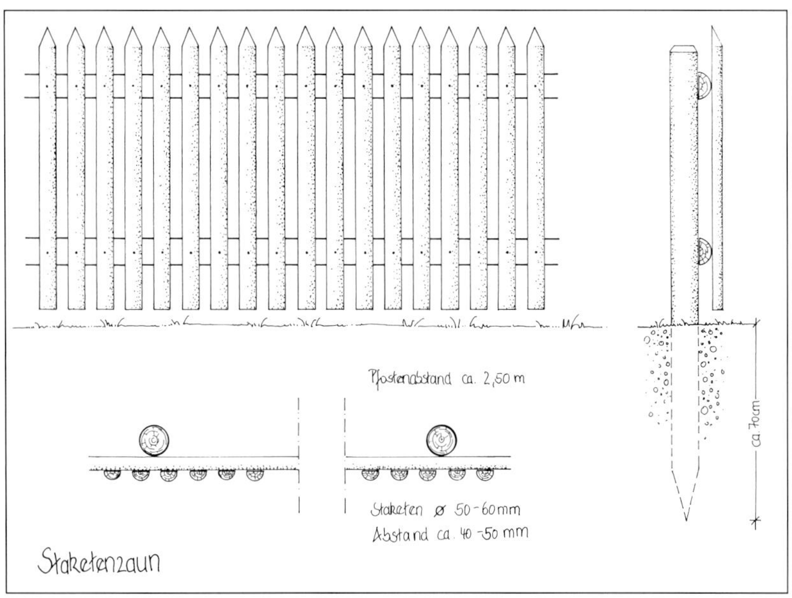

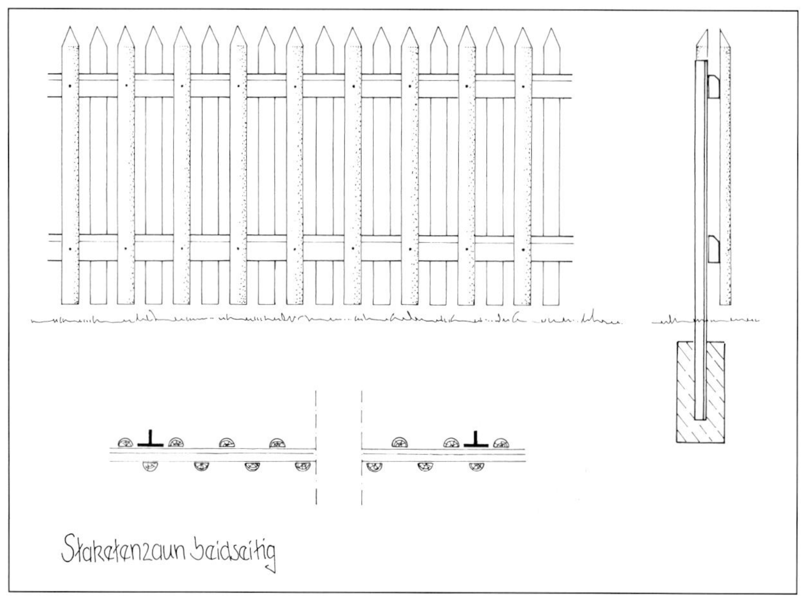

oben: Der Staketenzaun schützt vor unerwünschten Eindringlingen; Beuren, Schwäbische Alb.
Mitte: Typischer Staketenzaun um einen mit Buchs gesäumten Bauerngarten; Wolfegg, Landkreis Ravensburg
unten links: Zaun mit beidseitig angeordneten Staketen und horizontalem Stahlprofil; Killesberg Stuttgart
rechts: Die Zaunelemente sind in die Pfosten aus Naturstein eingehängt; Westpark München.

oben: Temporär aufgebauter Spaltholzzaun zum Abschirmen der Bienenstöcke; Hidcote Manor Garden, Gloucestershire, Großbritannien
unten: Spaltholzzaun mit dauerhafter Befestigung an Pfosten und Querriegeln aus Robinienholz; Itzlings, Allgäu

Spaltholzzäune

Eine Sonderform der Staketenzäune stellen auf Draht gewickelte Spalthölzer dar, die als Fertigprodukt in Rollenform im Handel erhältlich sind. Die Spalthölzer werden aus Hölzern mit hohem Gerbsäureanteil wie Esskastanie, Eiche oder Robinie gefertigt und auf verzinkten Draht oder Edelstahldraht maschinell aufgewickelt. Beim Spalten bleiben die Holzfasern weitgehend unverletzt, so dass die Widerstandsfähigkeit gegen Witterungseinflüsse außerordentlich hoch ist. Angespitzte Pfosten aus Robinien- oder Esskastanienholz werden als naturgewachsene Rundhölzer oder als gesägte Kanthölzer zur Befestigung des Zauns direkt ins Erdreich eingeschlagen. Für Pfostenabstände von etwa zwei Metern bieten viele Hersteller halbrunde, naturgewachsene Querriegel aus Esskastanie an. Sind die Pfostenabstände geringer, kann eventuell auf eine Verwendung von Querriegeln verzichtet werden, wobei das enorme Gewicht der Harthölzer nicht unterschätzt werden darf. Ein kräftiger Spanndraht sowie an End- und Eckpunkten eingebaute Streben stabilisieren dann die Zaunkonstruktion. Wenn die Spalthölzer dauerhaft ohne Bodenkontakt angebracht sind, liegt ihre Haltbarkeit bei gut 25 Jahren.

Spaltholzzäune werden oft auch bei temporärem Bedarf eingesetzt, da man sie problemlos mehrmals auf- und abbauen kann. Hierzu kann der Zaun einfach auf dem Boden aufgestellt, eventuell leicht eingeschlagen und punktuell an Pfosten befestigt werden. Durch den Bodenkontakt vermindert sich allerdings die Lebenserwartung der Spalthölzer. Manche Hersteller bieten als so genannte »Ruck-Zuck-Zäune« Rollenware mit integrierten Pfosten an. Bei diesen Zäunen sind in regelmäßigen Abständen längere und stärker dimensionierte Hölzer in den Verbindungsdraht eingearbeitet, die ins Erdreich eingeschlagen werden und so ein schnelles Aufstellen ermöglichen.

Die Verwendungsmöglichkeiten für transportable, wiederverwertbare Zäune sind äußerst vielfältig: Sie eignen sich zum Schutz neu angelegter Pflanzungen ebenso wie als saisonale Rankhilfe oder zur Begrenzung von Veranstaltungsflächen. Der niedrige Spaltholzzaun, der allzu neugierige Besucher oder unvorsichtige Kinder von den Bienenstöcken fernhält, wirkt nicht wie eine radikale Absperrung, sondern integriert sich sehr gut als selbstverständliches Element in das Gesamtbild des Gartens.

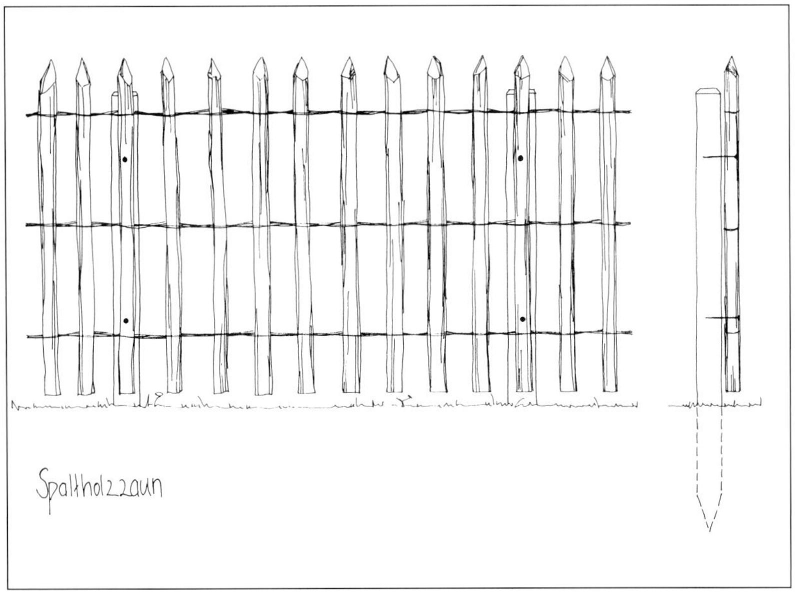

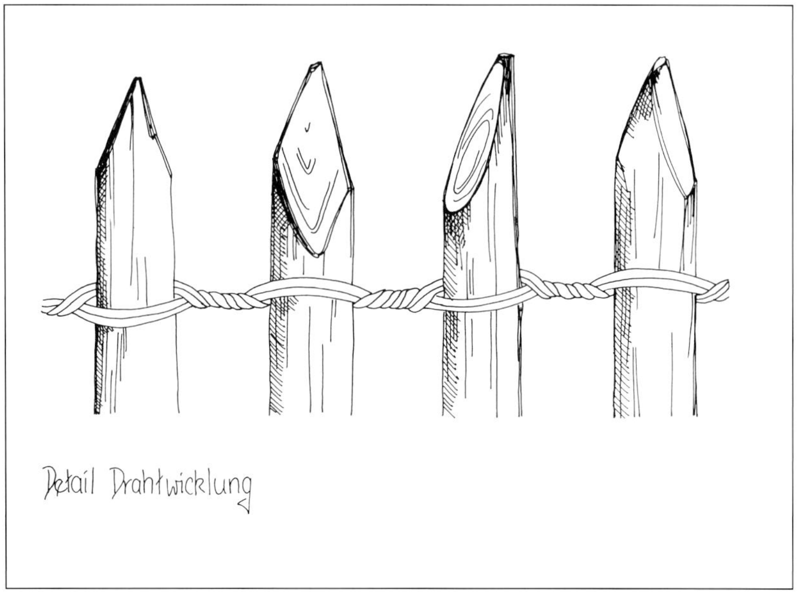

Lattenzäune

Das Grundelement eines Lattenzauns ist die allseits gesägte Latte mit sägerauer oder gehobelter Oberfläche. Die verwendeten Profile haben eine Stärke zwischen 20 und 40 Millimetern und eine Breite zwischen 40 und 80 Millimetern. Häufig werden auch ganz gewöhnliche Dachlattenprofile mit Abmessungen von 24 x 48 Millimetern verwendet.

Schnitthölzer mit einer Breite von mehr als 80 Millimetern werden als Bretter bezeichnet, bei einer Stärke von über 40 Millimetern spricht man von Dielen oder Bohlen. Zaunlatten sind in der Regel zwischen 60 und 200 Zentimetern hoch und werden auf die Querriegel aufgeschraubt oder aufgenagelt. Der Lattenabstand kann je nach der gewünschten Dichte des Zauns zwischen einer halben und einer vollen Lattenbreite variieren. Wird Sicht- oder Windschutz verlangt, kann der Abstand weiter reduziert werden.

Eine interessante Befestigungsvariante stellt die Verwendung einer Art Zangenkonstruktion dar: Die Latten werden zwischen zwei etwas schwächer dimensionierten Querriegeln angeordnet. Dadurch zeigt der Lattenzaun auf beiden Seiten das gleiche Erscheinungsbild, es gibt keinen Unterschied zwischen Vorder- und Rückseite.

Die Lattenköpfe sollten unbedingt abgeschrägt werden, damit das Regenwasser abfließen und die Schnittflächen schnellstmöglich trocknen können. Durch diese einfache Maßnahme im Sinne des konstruktiven Holzschutzes wird die Lebensdauer der Hölzer deutlich erhöht. Da die Ausführung der Abschrägung in vielfältiger Weise möglich ist, ergeben sich zahllose Gestaltungsmöglichkeiten. Jede einzelne Latte kann angespitzt, abgerundet, längs oder quer abgeschrägt oder in einer Schmuckform ausgeführt werden. Durch die wechselseitige Anordnung der Latten auf den Querriegeln können ebenfalls dekorative Effekte erzielt werden. Auch ein regelmäßiges Spiel mit unterschiedlichen Längen der Latten bietet interessante Gestaltungsformen. Die strenge Horizontale der Oberkante wird spielerisch gebrochen und verleiht dem Zaun Heiterkeit, ohne dabei formale Unruhe zu erzeugen.

Je nach Holzart ist eine Oberflächenbehandlung in Form eines Anstrichs, einer Lasur oder Imprägnierung zur Erhöhung der Haltbarkeit empfehlenswert. Bei der Verwendung von handelsüblichen Latten aus Lärchenholz kann darauf verzichtet werden. Lärchenholz ist durch seinen hohen Harzgehalt gut witterungsbeständig und äußerst haltbar, sofern die Grundregeln des konstruktiven Holzschutzes beachtet werden. Die unbehandelten Latten nehmen mit der Zeit durch Witterungseinflüsse eine schöne silbergraue Färbung an.

Die Ausführung der Lattenköpfe erlaubt eine Vielzahl von Gestaltungsmöglichkeiten. Im Sinne des konstruktiven Holzschutzes ist stehende Feuchtigkeit durch Abschrägen und Abrunden der Lattenköpfe oder durch ein Abdeckprofil zu verhindern.

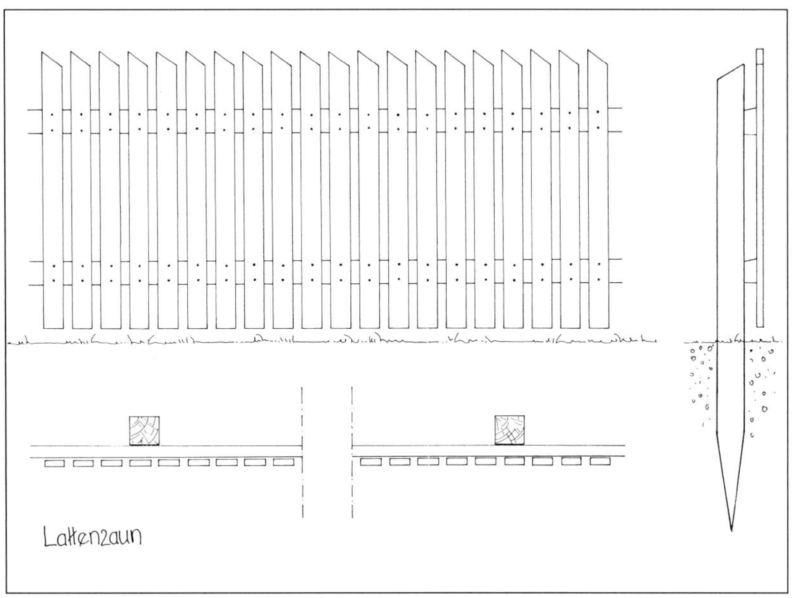

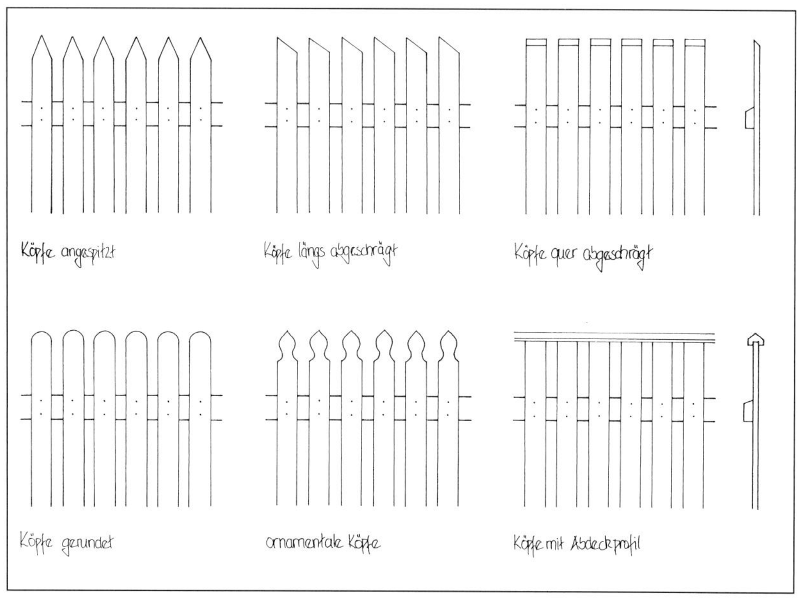

oben: Lattenzaun mit angespitzten Köpfen; Reichenhofen, Landkreis Ravensburg
Mitte: Zangenkonstruktion als Querriegel; Ile de Rhin, Elsass
unten: Variante mit wechselnder Anordnung der abgeschrägten Latten; Gut Glaserhof bei Krumbach, Schwaben

Der weiß lackierte Lattenzaun mit den angespitzten Pfosten und Latten gibt dem kleinen Landhaus ein sehr gepflegtes und heiteres Erscheinungsbild; Beispiel aus Kent, Großbritannien.

Lackierte Lattenzäune als Einfriedung der Cottagegärten sind in vielen südenglischen Landschaften ein sehr charakteristisches Stilelement; Beispiel aus Kent, Großbritannien.

Naturvergrauter Bretterzaun um einen Bauerngarten; Kinzigtal, Schwarzwald

Bretterzäune

Von einem Bretterzaun spricht man, wenn statt der schmalen Latten Bretter in Breiten zwischen 8 und 20 Zentimetern als Füllung der Zaunfelder eingesetzt werden. Für Zäune werden die Bretter entweder sägerau oder mit gehobelter Oberfläche verwendet. Sägeraue Bretter sind sehr preisgünstig und mit ihrer lebendigen Oberfläche für Zäune im dörflichen Umfeld besonders gut geeignet. Gelegentlich werden auch so genannte Schwarten, gewissermaßen der Anschnitt eines Stamms, und unbesäumte Bretter im Zaunbau benutzt. Bei der Verwendung solcher Bretter entsteht insgesamt ein sehr rustikales und derbes Bild, das nur in einer entsprechenden Umgebung als angemessen empfunden wird.

Ein Bretterzaun wird im Vergleich zum Lattenzaun durch die geringere Anzahl an Fugen geprägt und wirkt dadurch insgesamt deutlich geschlossener. Bei horizontalen Bretterzäunen erübrigt sich ein Querriegel. Die Bretter der Füllung werden direkt auf die Pfosten aufgenagelt und übernehmen dann auch die konstruktive Funktion der Querriegel.

Für hohe Einfriedungen, die einen möglichst guten Blick- und Windschutz gewährleisten sollen, sind Bretterzäune sowohl in vertikaler als auch in horizontaler Ausrichtung sehr gut geeignet. Um trotz hoher Dichtigkeit ein scheinbar transparentes und angenehmes Erscheinungsbild zu erreichen, werden die Bretter oft wechselseitig auf die Pfosten oder Querriegel aufgenagelt.

links: Naturvergrauter Bretterzaun mit unterschiedlichen Brettlängen; Cornwall, Großbritannien
rechts: Bretterzaun mit dekorativen Köpfen; Illerbeuren bei Memmingen

Flechtzäune

Das Flechten von Ästen und Zweigen ist eine uralte und weltweit in vielen Kulturen verbreitete Handwerkstechnik. Nicht nur die Herstellung von Körben und Gefäßen aller Art, sondern auch die Ausführung von geflochtenen Zäunen hat eine lange Tradition. Wie mittelalterliche Malereien und Holzschnitte belegen, waren Flechtzäune früher in ganz Mitteleuropa gebräuchlich. Aus biegsamen Weiden- oder Haselruten, oft in Verbindung mit Querriegeln und Pfosten aus Nadelholz, wurden mehr oder weniger geschlossene Einfriedungen hergestellt. Vor allem die Obst- und Gemüsegärten oder kleine Weideflächen hat man auf diese Weise begrenzt.

Insgesamt waren Flechtwerke in früheren Jahrhunderten in Mittel- und Nordeuropa weit verbreitet. Über viele Jahrhunderte war der Rohstoffbedarf für Flechtwerke sehr groß, und so gehörten Kopfweiden vielerorts zum gewohnten Landschaftsbild. Auf zahlreichen Landschaftsgemälden sind sie uns überliefert, und noch heute findet man die markanten Baumgestalten überall dort, wo Korbflechtereien ansässig sind. Der regelmäßige Schnitt der Kopfweiden ist heute ein wichtiger Beitrag zur Kulturlandschaftspflege. Die Ruten werden im Winterhalbjahr in laubfreiem Zustand geschnitten. Für einen Flechtzaun wird das geschnittene Material meist völlig naturbelassen verwendet und noch in frischem Zustand verarbeitet, so dass die natürliche Biegsamkeit der Zweige genutzt werden kann und, wenn gewünscht, auch ein Bewurzeln der Triebe möglich ist. Älteres, bereits getrocknetes Material wird durch Einweichen wieder biegsam gemacht. Die für den Bau von Flechtzäunen verwendeten Materialien sind je nach Vorkommen regional unterschiedlich – so setzt man neben Weide und Haselnuss auch junge Eschentriebe oder Birkenreisig als Füllung ein.

Flechtzäune können bei einigen Herstellern als Fertigprodukte bezogen werden. Etliche Firmen haben sich auf die Herstellung von Flechtzäunen vor Ort spezialisiert, was die Verwendung lokal zur Verfügung stehenden Materials ermöglicht und lange Transportwege vermeidet. Die Herstellung von Flechtzäunen in Eigenleistung ist zwar grundsätzlich möglich, meist werden jedoch das erforderliche handwerkliche Geschick sowie der enorme Materialbedarf völlig unterschätzt. Die optische Qualität eines Flechtzauns steht immer in direkter Verbindung mit dem handwerklichen Können des Korbflechters. Nur ein erfahrener Handwerker erreicht die gewünschte Gleichmäßigkeit und Präzision. Besondere Handwerkskunst ist gefragt, wenn die gesamte Zaunkonstruktion aus Flechtwerk besteht und weder Pfosten noch Querriegel als Hilfskonstruktionen verwendet werden. Um die Stabilität solch eines reinen Flechtwerks zu erhöhen, werden oft zwei oder gar mehrere Ruten parallel verarbeitet.

Meist werden die Ruten jedoch in ein festes Grundgerüst aus Pfosten und Riegel eingeflochten, oder das Material wird horizontal direkt zwischen die eng stehenden Pfosten eingearbeitet. Die vorgegebenen Strukturen erleichtern die Flechtarbeit bei beiden Varianten erheblich. Wird ein fester Rahmen mit Flechtwerk gefüllt, so kann dieser dann als Füllung zwischen die Pfosten eingehängt werden.

Obgleich man heute Flechtzäune vorwiegend in Heimat- und Freilichtmuseen oder als Blickfang auf Gartenschauen findet, werden sie inzwischen auch wieder für den Hausgartenbereich entdeckt. Man möchte ihnen eine größere Verbreitung wünschen, denn sie besitzen eine ungewöhnlich lebendige und schöne Struktur, die sich im Lauf

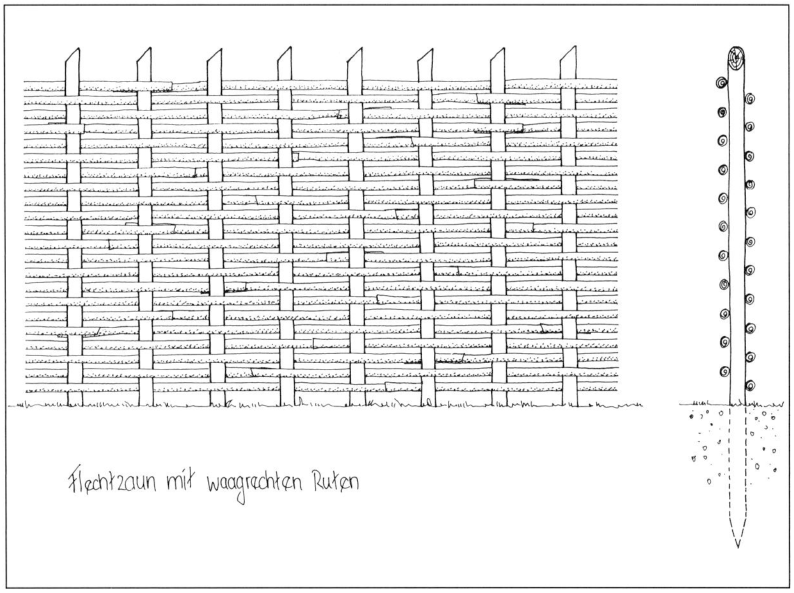

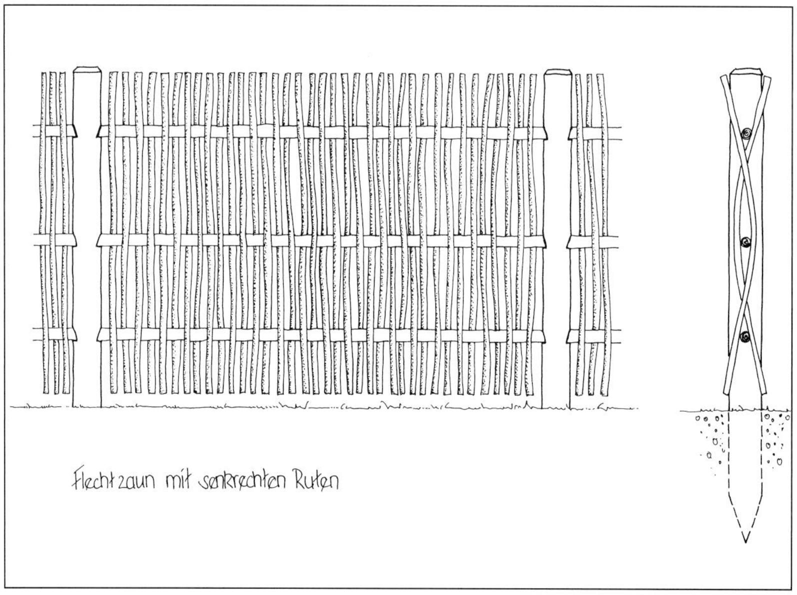

Flechtzaun mit waagrechten Ruten bei einem traditionellen Bauernhaus; südliche Provinz Seeland, Dänemark

der Zeit verändert: Die frisch verarbeiteten Zweige haben eine glänzende Rinde in vielen Farbschattierungen. Die Rinde beginnt jedoch schon nach recht kurzer Zeit zu trocknen, die Farbe verblasst, wird rissig, und nach ein paar Jahren kann sie sich auch vollkommen ablösen. Diese natürliche Veränderung unbehandelter Flechtzäune ist eigentlich ein sehr schöner Alterungsprozess, den man aber den Kunden im Vorfeld erklären muss, um Enttäuschungen zu verhindern.

Bei entsprechend dichter Verarbeitung eignen sich Flechtzäune auch sehr gut als Sichtschutz. Sie treten nicht als massive Barrikaden in Erscheinung, sondern wirken freundlich und leicht. Es sind zahlreiche vorgefertigte Sichtschutzelemente im Handel erhältlich, die durch die verschiedenen Materialien bei gleicher Verarbeitung ganz unterschiedliche Oberflächenstrukturen aufweisen. In der Regel werden die Elemente aus Weide, Rinde oder Heidekraut von einem solide konstruierten und seitlich oder im Boden fest verankerten Holzrahmen gefasst.

In kunstvoll gestalteten Gemüse- oder Kräutergärten findet man gelegentlich auch sehr niedrige Flechtzäune als Beetbegrenzungen oder als Einfassung und Verblendung kleiner Höhenunterschiede. Diese Zäune werden manchmal auch zum Schutz der Gemüsepflanzen, als lineare Stützkonstruktionen oder einfach nur zur optischen Präzisierung der Pflanzreihen aufgestellt. Etwa 25 bis 30 Zentimeter hoch, bestehen sie meist aus Haselnusszweigen und werden als transportable Elemente je nach Bedarf an unterschiedlichen Standorten aufgestellt. Oft sind sie auch aus dünnen biegsamen Latten konstruiert, die lamellenartig zwischen senkrechten Streben eingeflochten sind. Die kleinen Zäune haben hohen dekorativen Reiz, und so findet man sie auch immer wieder in Themengärten von Gartenschauen. Beim *Festival des Jardins* in Chaumont-sur-Loire gab es 1995 ein besonders schönes Beispiel. Mit niedrigen Flechtzäunen hatte man hier in einem Themengarten kleine Reisterrassen gestaltet. Die leicht geschwungenen Konturen der einzelnen Terrassenebenen, das Muster des Flechtwerks und das Zusammenspiel mit dem Reis ergaben ein eindrucksvolles Gesamtbild.

Lebende Flechtzäune

Werden frische Weidenruten wie Steckhölzer in die Erde gesteckt, so bewurzeln sie sich und schlagen bald aus. Es entstehen »lebende Flechtzäune«. Die Ruten werden im zeitigen Frühjahr vor dem Laubaustrieb geschnitten und bei frostfreiem Boden mehrere Knospen tief ins Erdreich gesteckt, so dass die notwendige Stabilität erreicht und die Wurzelbildung gleich zu Beginn der Vegetationsperiode ermöglicht wird. Durch die spätere Verwurzelung wird die Standfestigkeit der Zaunkonstruktion erhöht.

Da sich auch armdicke Äste der Weide noch zuverlässig bewurzeln und wieder austreiben, können sie als lebende Pfosten verwendet werden und sich je nach Pflege zu kleinen Bäumen entwickeln.

Die 1995 beim *Festival des Jardins* in Chaumont-sur-Loire von Judy und David Drew geschaffene Zaunkonstruktion, die in ihrer Gesamtkonzeption geradezu als Kunstwerk bezeichnet werden kann, griff diese alte Form der lebenden Flechtzäune auf und verhalf ihr zu großer Aktualität. Das formal und handwerklich hervorragend ausgeführte Beispiel ging durch die Medien und machte Schule. Seitdem findet man lebende Flechtzäune immer wieder auf Gartenschauen und Festivals.

Lebende Flechtzäune sind besonders für temporäre Installationen geeignet, da ihr Reiz sich bereits innerhalb einer einzigen Vegetationsperiode gut entwickelt und der Anblick der lebenden Zäune eine enorme Faszination ausübt. Die optische Veränderung, die der scheinbar leblose Zaun mit dem Austrieb der ersten Blätter erfährt, ist sehr beeindruckend.

Sollen lebende Flechtzäune jedoch langfristig über mehrere Jahre bestehen, sind regelmäßige und intensive Rückschnittarbeiten ein- bis zweimal jährlich notwendig, um die Zaunkonstruktion in Form zu halten. Schließlich will sich von Natur aus jede Weidenrute zu einem Baum entwickeln, und das anfangs herbeigesehnte Grün wird schnell übermächtig.

In einigen Regionen Mitteleuropas, so zum Beispiel in Vorarlberg, haben so genannte Gitterhecken eine lange Tradition. Sie bestehen meist aus Linden, Eschen oder Ulmen und sind auch als lebende Flechtzäune zu bezeichnen. Die schräg gepflanzten jungen Heckenpflanzen werden gitterartig verschränkt und zusammengebunden. Im Lauf der Zeit wachsen die einzelnen Gehölze an den Berührungspunkten zusammen, und eine weitere Fixierung erübrigt sich. Durch einen regelmäßigen Rückschnitt bleibt das zaunartige Erscheinungsbild langfristig erhalten und bietet besonders im Winter und mit dem Frühjahrsaustrieb einen reizvollen Anblick.

oben links: Niedriger Flechtzaun im Gemüsegarten des Weingutes Val Joanis; bei Pertuis, Provence
Mitte: Bereits gealterter Flechtzaun aus Haselruten; Gut Glaserhof bei Krumbach, Schwaben
unten links: Lebender Flechtzaun, Gitterhecke aus Linde; Fußach, Vorarlberg
unten rechts: Lebender Flechtzaun; Landesgartenschau Kehl und Straßburg 2004

Gittertörchen aus Eichenholz zwischen geschnittenen Eibenhecken; Great Dixter, East Sussex, Großbritannien

Rustikale Gartentore aus Holz

Alle umzäunten Bereiche haben auch Zugänge, Durchgänge und sonstige Öffnungen, die mit Toren geschlossen werden. Auch dort, wo Gärten oder einzelne Gartenräume von Mauern oder Hecken eingefriedet sind, bedarf es eines einladenden Tors. Ein Gartentor ist gleichermaßen Grenze und Schwelle zu einer anderen Welt, es wird aus guten Gründen mit besonderer Aufmerksamkeit gestaltet.

Die Gestaltung des Gartentors verrät etwas über die Menschen, zu denen es den Zutritt schafft. Lädt das Tor zu einem Blick in den Garten ein, oder wird eine Barriere aufgebaut und dem Vorübergehenden jeder Einblick verwehrt? Möchte der Gärtner über eine relativ niedrige Tür hinweg mit der Außenwelt Kontakt aufnehmen, oder schirmt er sich gegen die Blicke und Fragen der Vorübergehenden ab?

Im dörflichen Umfeld sind die Gartentore gewöhnlich in Holz ausgeführt. Sie sind kostengünstiger, einfacher herzustellen und der Umgebung angemessener als Metalltore. Holz erlaubt eine große Gestaltungsvielfalt, je nach Konstruktion und Auswahl der verwendeten Materialien kann die gesamte Bandbreite von hoher Transparenz bis hin zu vollkommener Geschlossenheit erreicht werden.

Holztore erzeugen in Verbindung mit einer Zaunanlage ein gleichermaßen stimmiges Gesamtbild wie im Anschluss an Hecken oder Mauern. Mit individuellen Schmuckformen oder farbigen Anstrichen können schöne Akzente gesetzt werden. In den meisten Fällen lässt man das Holz im dörflichen Umfeld allerdings unbehandelt, denn der silbergraue Farbton naturvergrauter Hölzer fügt sich sehr gut in eine ländlich geprägte Umgebung ein.

Gestaltung und Konstruktion eines Gartentors sind immer sehr stark von der unmittelbaren Umgebung abhängig. Als Öffnung in einem Zaun bildet das Tor mit diesem eine gestalterische Einheit. Hier besteht nun einerseits die Möglichkeit, das Tor ganz unauffällig die Reihung des Zauns fortsetzen und nur die Beschläge und die Aussteifungsdiagonale auf das Törchen hinweisen zu lassen, andererseits, das Gartentor sich deutlich von der Zaunanlage abheben zu lassen. Bereits die Überhöhung der Torpfosten, eventuell mit einer besonderen Ausformung der Pfostenköpfe verbunden, setzt einen deutlichen Akzent. Durch eine geänderte Linienführung der Latten oder Bretter, beispielsweise in Form eines überhöhten Halbkreises, kann das Tor ebenfalls hervorgehoben werden.

Ist das Tor nicht in einen Zaun, sondern in eine Mauer oder eine Hecke integriert, stellt es eine komplett eigenständige Gestaltungsaufgabe dar, doch meist wird auf ganz ähnliche Formen zurückgegriffen. Allerdings sind die gestalterischen Freiheiten etwas großzügiger bemessen.

Lattenzaun und Törchen; die Pfosten sind zur Markierung des Durchgangs überhöht.

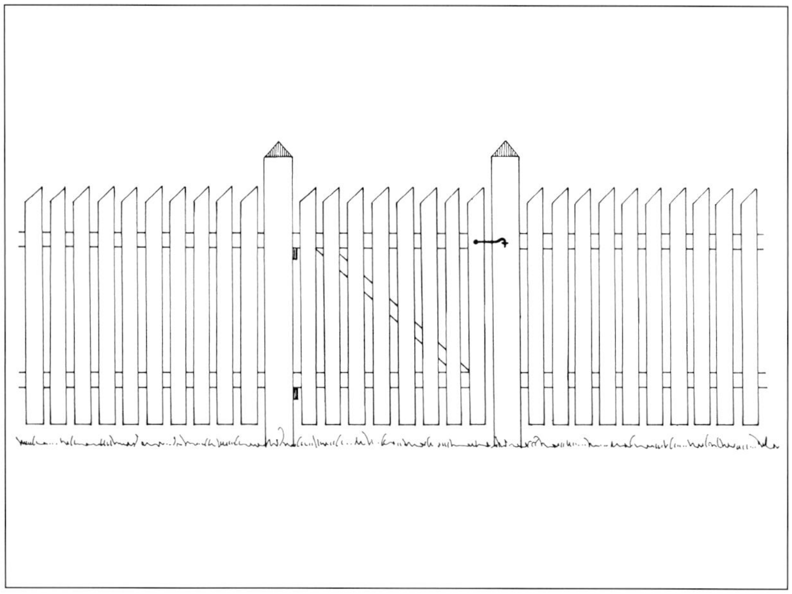

Bretterzaun und unauffälliges Törchen mit einheitlicher Gestaltung

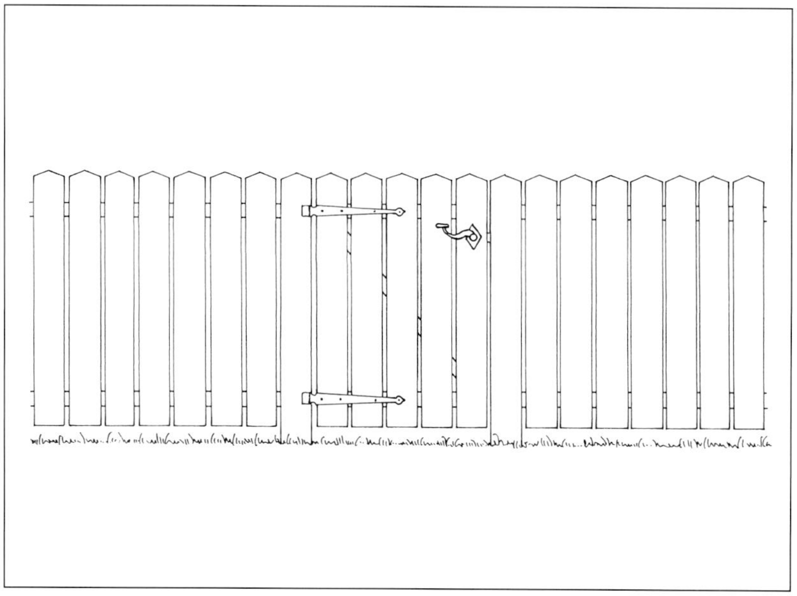

In der Regel sind vorgefertigte oder vom Schreiner ausgeführte rustikale Gartentore als einfache Lattentüren mit vertikalen Staketen, Latten oder Brettern und einer Z- oder X-förmigen Diagonalaussteifung konstruiert. Nur in seltenen Fällen sind sie mit einer geschlossenen Brettschalung ausgeführt, die bei entsprechender Höhe jeden Einblick verwehrt.

Mit klassischen, handwerklich anspruchsvollen Holzverbindungen wie Stemmen, Überblatten oder Zinken lassen sich auch viele Sonderformen von Gartentoren herstellen, die jedoch alle hinsichtlich des konstruktiven Holzschutzes bedenklich sind und daher unbedingt in Hartholz ausgeführt werden sollten. Das wunderschöne, in eine Eibenhecke eingefügte, aus Eichenholz gefertigte Gittertörchen im berühmten Landhausgarten Great Dixter in East Sussex zeigt, welche Ausdruckskraft ein schön konstruiertes Gartentörchen haben kann (siehe Seite 61).

Bei der Planung eines Gartentors stellt sich nicht nur die Frage nach der Konstruktion, sondern vor allem die Frage nach der geeigneten Höhe und Breite. Die angemessene Höhe eines Tors wird im Wesentlichen durch die anschließenden Einfriedungen, seien es Zaun, Mauer oder Hecke, bestimmt. Das richtige Maß hängt aber auch von der Größe des dahinter liegenden Gartens und der gewünschten Intensität der Grenzziehung ab.

Ein hüfthohes Tor wird zwar als klare Grenze empfunden und normalerweise entsprechend respektiert, doch stellt es keinen tatsächlichen Schutz dar. Bei erhöhtem Sicherheitsbedarf muss das Gartentor deutlich höher sein, um unerlaubtes Eindringen auszuschließen.

Die erforderliche Breite eines Gartentors ist immer von den jeweiligen Funktionen abhängig. Ein Gartentörchen muss auf jeden Fall ausreichend breit sein, um eine Schubkarre durchschieben zu können, es sind also mindestens 75, besser 80 Zentimeter lichte Breite vorzusehen. Maße von 90 bis 100 Zentimetern sind normal. Bei mehr als 120 Zentimetern lichter Breite muss man allerdings schon über besondere Formen der Stabilisierung nachdenken, und ab einer Durchgangsbreite von 130 Zentimetern kommt meist nur eine zweiflügelige Ausführung in Frage.

Staketenzaun mit ornamental ausgeformtem Törchen

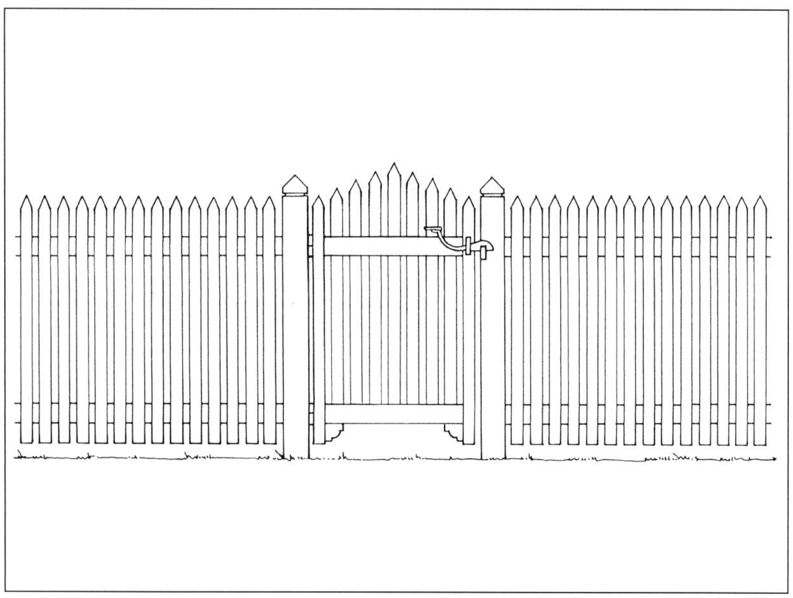

Bretterzaun und Brettertörchen mit dekorativer Diagonalaussteifung

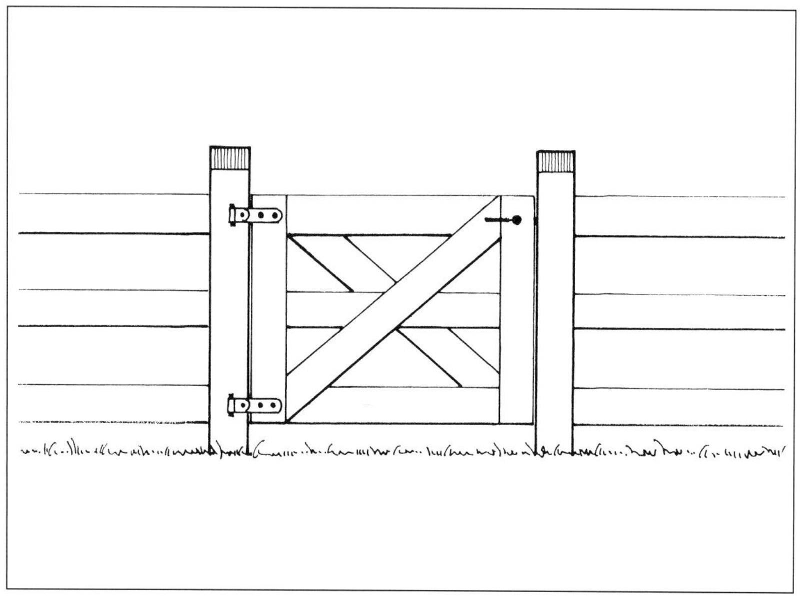

links: Tor zum Gemüsegarten, Spaltholzlatten auf einem Rahmen aus Brettern; Greywalls, East Lothian, Schottland
oben rechts: Tor zu einer Obstbaumwiese; Tintinhull, Somerset, Großbritannien
Mitte: Gartentor zu einem ländlichen Hausgarten; Hergensweiler, Landkreis Lindau
unten rechts: Tor in den Gemüsegarten; Westwell Manor, Oxfordshire, Großbritannien

Das durchlässige Teilen ist die Ureigenschaft des Zaunes. ...
Der Zaun teilt zwischen Ich und Du, zwischen Innen und Außen,
zwischen Hier und Dort, Drüben und Hüben, Mein und Dein. ...
Es gibt kein Leben ohne Zaun, der abschirmt,
es gibt kein Leben ohne Zaun, der durchlässt.
Hans Karl Peterlini, 2005

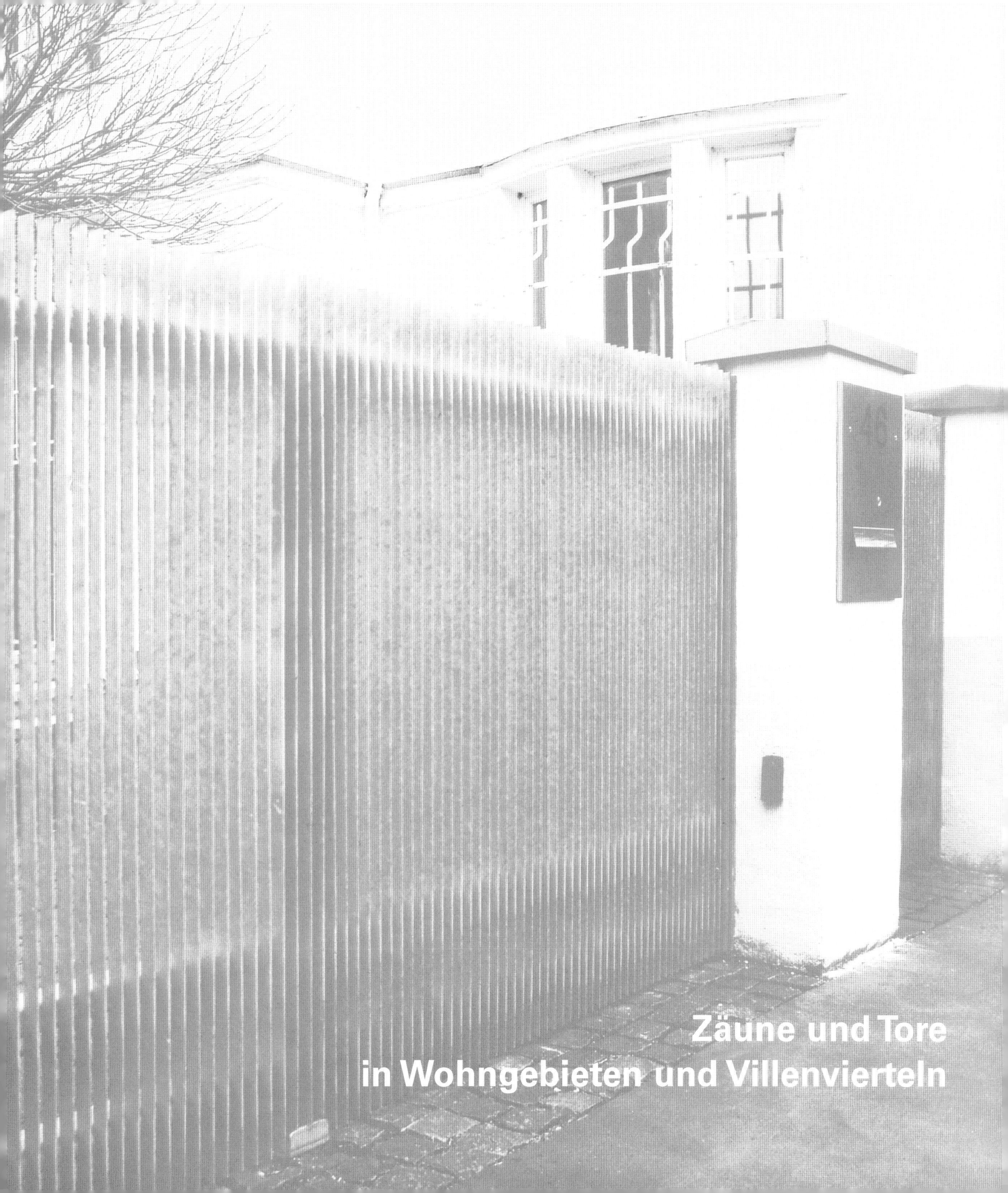

Zäune und Tore in Wohngebieten und Villenvierteln

Zäune und Tore in Wohngebieten und Villenvierteln

Neben Mauern und Hecken sind Zäune eines der gebräuchlichsten Mittel der Begrenzung privater Flächen in Wohngebieten. Im Vergleich zu einer Mauer ist ein Zaun recht kostengünstig. Er braucht deutlich weniger Platz als geschnittene oder gar frei wachsende Hecken und erfüllt sofort nach der Fertigstellung die ihm zugedachte Aufgabe, was bei Hecken erst nach einigen Jahren der Fall ist.

Für Grundstücke innerhalb geschlossener Siedlungsbereiche besteht oft eine so genannte *Einfriedungspflicht*. Das heißt, der Gesetzgeber schreibt ausdrücklich eine Begrenzung vor, zum Beispiel in Form eines Zauns. Zwar wird die Ausführung des Zauns nicht im Detail geregelt, doch muss sie, vor allem in Bezug auf die Höhe, den baurechtlichen Vorgaben entsprechen.

Die Vielfalt der Zäune ist unendlich groß. Es gibt Zäune aus Holz und aus Metall, in unterschiedlichen Konstruktionen und Höhen, in völlig blickdichter oder transparenter Ausführung, mit hohem repräsentativen Anspruch oder mit einem sehr zurückhaltenden Erscheinungsbild. Bei der Planung stellt sich als Erstes meist die Frage: Welcher Zaun ist stilistisch passend und angemessen?

Für die straßenseitige Einfriedung eines Grundstücks in einem alten Villenviertel entscheidet man sich vielleicht für einen vornehmen, weiß lackierten Lattenzaun oder für einen eleganten Metallzaun. Zur Einfriedung eines Grundstücks in einer Neubausiedlung am Ortsrand ist eher eine schlichte und pflegeleichte Lösung in Erwägung zu ziehen, zum Beispiel ein naturvergrauter Staketenzaun oder ein farbig lasierter Lattenzaun.

Auf die Frage nach dem angemessenen Stil folgt dann als Nächstes die Überlegung, welche Funktionen und Anforderungen der Zaun zu erfüllen hat. Soll er einen ernst zu nehmenden Einbruchschutz liefern, soll er Tiere abhalten, Sicht- und Windschutz bieten, oder soll er nur eine ganz diskrete Grenze ziehen, möglichst unauffällig sein und den freien Ausblick in die Landschaft nicht behindern? Alle Faktoren beeinflussen sowohl Materialwahl als auch Konstruktionsart des Zauns.

Die gängigen Standardsysteme für verschiedenartige Zaunsysteme bieten meist keine überzeugende Lösung. Ein guter und optimal in die Umgebung eingefügter Zaun muss für die jeweilige Situation individuell geplant und dann vom Handwerker nach Maß angefertigt werden.

Metallzäune sind zwar in der Herstellung deutlich teurer als Holzzäune, haben aber eine längere Lebensdauer. Sie werden bei entsprechender Ausführung als besonders repräsentativ empfunden und bieten bei entsprechender Höhe ein hohes Maß an Sicherheit. Da Metallzäune normalerweise recht transparent sind, müssen sie hinterpflanzt werden, wenn auch eine Sichtschutzwirkung erwünscht ist. Die Kombination eines gut gestalteten Metallzauns mit einer blickdichten Hecke ist eine besonders anspruchsvolle, schöne Art der Einfriedung und hat vor allem in Villengebieten Tradition.

Hinsichtlich ihres Erscheinungsbildes und ihrer Ausstrahlung stehen solide konstruierte Holzzäune den Metallzäunen in keiner Weise nach. Für Holzzäune werden meist heimische Nadelhölzer verwendet. Für einfache Zäune ohne Anstrich und Lackierung können als Füllprofile Fichten- und Tannenhölzer verwendet werden und für die Pfosten und Querriegel wegen der besseren Witterungsbeständigkeit Schnitthölzer aus Kiefer, Lärche und Eiche. Für sehr hochwertige, lackierte Zäune werden vorzugsweise Harthölzer verwendet, weil sie weniger quellen und schwinden und die Anstriche dadurch eine längere Lebensdauer haben. Grundsätzlich sollten für die Herstellung von Zäunen nur hochwertige Bauschnitthölzer verwendet werden, die nach DIN 4074 der Sortierklasse S 13 (früher Güteklasse I) und nach DIN 68365 der Schnittklasse S (scharfkantig) zugeordnet werden.

Da Holzzäune ein gefragter Massenartikel sind, bieten auch Baumärkte und Gartencenter eine große Produktpalette an. Wer jedoch die Qualität der angebotenen Ware in Zusammenhang mit der erhofften Lebensdauer betrachtet, sollte an die Lebensweisheit »Billig ist teurer als richtig« denken. Neben fragwürdiger Billigware gibt es zwar auch ein kleines Angebot hochwertiger und gut konstruierter Fertigzäune aus Holz, doch diese liegen erfahrungsgemäß in einer Preisklasse, mit der auch die Angebote für individuelle, vom spezialisierten Zaunbauer, Zimmermann oder Schreiner gefertigte Zäune meist gut konkurrieren können.

oben: Staketenzaun in Kombination mit einer Hecke; München-Solln
Mitte: Lattenzaun aus naturvergrautem Holz und Granitpfosten; München-Solln
unten: Bretterzaun mit lackierten Brettern; Wassenaar, Niederlande

Lattenzäune

Aus dem 19. Jahrhundert sind viele Handbücher des Zimmerer- und Tischlerhandwerks überliefert, in denen man Musterentwürfe für Holzzäune und Tore findet. Diese sind allesamt sehr dekorüberladen, höchst aufwendig in der Herstellung und hinsichtlich des konstruktiven Holzschutzes voller fragwürdiger Details. Anfang des 20. Jahrhunderts wurden diese Stilauffassungen massiv kritisiert, und es kam in Architektur und Handwerk zu einem Umdenken. Die Reformbewegung fand ihren Ausdruck im 1907 gegründeten Deutschen Werkbund, der zum wichtigsten Fundament für die Stilentwicklungen des 20. Jahrhunderts und zum Wegbereiter der Moderne wurde. Der Deutsche Werkbund, zu deren Gründungsmitgliedern Peter Behrens, Theodor Fischer, Max Laeuger, Hermann Muthesius, Richard Riemerschmid und Fritz Schumacher gehörten, sprach sich gegen alle historisierenden Gestaltungsansätze aus, forderte funktionsgerechte Formen, materialgerechte Herstellung und Zweckmäßigkeit. Nach dem Motto »Vom Sofakissen bis zum Städtebau« wollte man nicht nur in der Architektur, sondern auch in der Gestaltung sämtlicher Gebrauchsgegenstände des täglichen Lebens neue Wege aufzeigen. So wurde konsequenterweise auch die Planung des Gartens als neue Aufgabe wahrgenommen. Mit einer geradezu leidenschaftlichen Haltung widmeten sich die Gestalter den baulichen Details der Gärten – allem voran den Zäunen und Toren, mit denen sich die Gebäude zum öffentlichen Freiraum hin präsentieren. Hier fanden die Vertreter des Werkbunds zu einem typischen Stil, der uns auch heute noch sehr anspricht. Ganz gleich ob Theodor Fischer in München, Hermann Muthesius in Berlin oder Fritz Schumacher in Hamburg, sie alle schätzten die über einer Sockelmauer und zwischen gemauerten Pfeilern eingefügten, weiß lackierten Lattenzäune.

Auch die dazu passenden, meist mit einer elegant geschwungenen Kontur oder sehr dezenten Dekorelementen versehenen Gartentore sind sehr typisch für den Stil des Deutschen Werkbunds. Die Lattenzäune und die formvollendet geschreinerten Tore wurden zum charakteristischen Stilelement der wilhelminischen Architektur, sie gehörten gleichermaßen zu den Gärten repräsentativer öffentlicher Gebäude wie zu den Villengärten oder den Vorgärten der Siedlungshäuser in den Gartenstädten. Sie sind ein wichtiger Bestandteil der Freiraumplanung und in gleicher Weise denkmalpflegerisch zu betreuen wie die Gebäude. Das adrette Weiß hat allerdings seinen Preis, denn die Anstriche müssen mit großem Aufwand regelmäßig erneuert werden. Die Lebensdauer der Zäune und Tore ist insgesamt relativ begrenzt, da manche der ausgeführten Holzverbindungen, vor allem die Überblattungen und Zapfverbindungen, nicht mit den Anforderungen des konstruktiven Holzschutzes in Einklang zu bringen sind. Die häufig ausgeführten, dachartig abgeschrägten und manchmal noch mit Blech verkleideten oberen Abschlussprofile sind für die Dauerhaftigkeit von Vorteil.

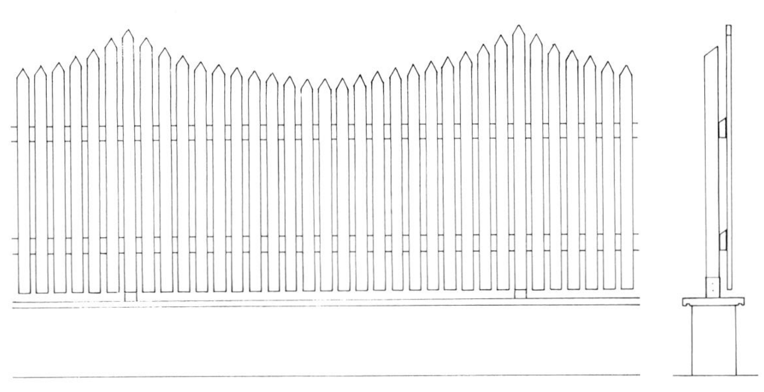

Lattenzaun mit Sockelmauer

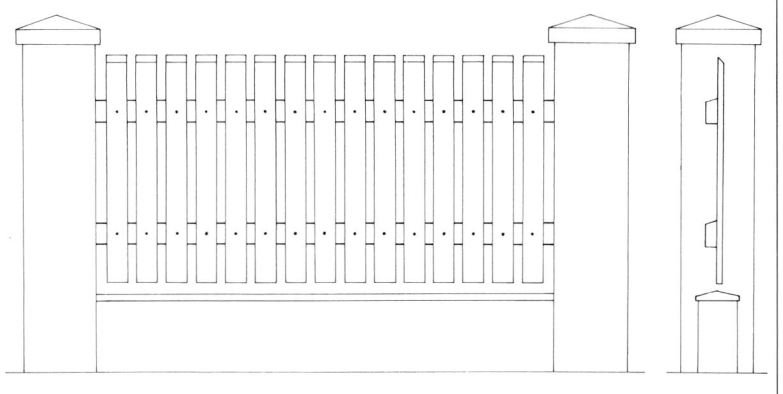

Lattenzaun mit Sockelmauer und Pfeiler

Traditioneller, weiß lackierter Lattenzaun in abgetreppter Ausführung auf einem Sockel aus Naturstein; Weinheim an der Bergstraße

Weiß lackierter Lattenzaun mit Sockelmauer und Pfeilern
aus Klinker; Hamburg

oben: Lattenzaun und Törchen mit Abdeckprofil in einer
denkmalgeschützten Siedlung; Karlsruhe
unten: Lattenzaun und überhöhtes Törchen im Villengebiet;
München-Solln

15
13

79a
79a

Mit Rosen berankter Treillagezaun als Trennung zum Nachbargrundstück; Waldbronn-Reichenbach, Landkreis Karlsruhe

Treillagezäune

Was oft umständlich als Holzlatten-Gitterwerk oder missverständlich als Spalier bezeichnet wird, heißt in der Fachsprache *Treillage*. Der Begriff kommt aus dem Französischen und lässt sich bis ins 16. Jahrhundert zurückverfolgen.

Treillagen werden einerseits wie Hecken oder Mauern als Einfriedungen und Begrenzungen eingesetzt – und werden dann als Treillagezäune bezeichnet –, andererseits findet man sie als luftdurchlässige, halbtransparente Füllelemente von Gartenpavillons und Laubengängen oder als Rankgitter an Fassaden. Die Berankung der Treillagen ist zwar meist ein Teil der Gesamtkonzeption, doch ist dieser Aspekt nur zweitrangig. Die Treillagen haben ihren eigenen formalen Reiz und ein allzu intensives Überranken der Konstruktion ist in der Regel nicht erwünscht.

Treillagezäune zählen zu den anspruchsvollsten und pflegebedürftigsten Gestaltungsformen und sollten nur in einer dementsprechenden Umgebung verwendet werden. Sie sind ein ausgeprägt architektonisches Element und müssen hinsichtlich der gesamten Maßordnung sorgfältig geplant werden. Die Ausführung an sich ist dann eine relativ einfache Schreinerarbeit, für die jedoch ein exakter Ausführungsplan unbedingt erforderlich ist.

Die Treillagen werden aus Längs- und Querhölzern zusammengebaut. Die Profile werden an allen Kreuzungspunkten verschraubt. Für die Latten kommen Kiefer und Lärche oder Harthölzer in Frage. Die Latten haben Dicken zwischen 15 und 20 Millimetern und Breiten zwischen 35 und 60 Millimetern, sie werden entweder in horizontal-vertikaler Anordnung oder im 45-Grad-Diagonalraster eingebaut. Die Abstände der Latten betragen meist das Zwei- bis Dreifache ihrer Breite, abhängig von der gewünschten Transparenz.

Häufig werden die Treillagen als rahmenartig geschlossene Elemente konstruiert und dann zwischen Holzpfosten oder gemauerte Pfeiler eingehängt und durch eine Sockelmauer kniehoch vom Erdboden abgehoben. Die einzelnen Treillagefelder werden am unteren und an den seitlichen Rändern sowohl innen als auch außen mit einer umlaufenden Latte eingefasst und an der Oberkante zum Schutz der Hirnholzflächen mit einem dachförmig abgeschrägten Abschlussprofil versehen.

Da der Neuanstrich eines berankten Treillagezauns sehr aufwendig und nur unter erschwerten Bedingungen möglich ist, empfehlen sich unbehandelte Hölzer, die man vergrauen lässt. Das damit verbundene, etwas rustikale Erscheinungsbild ist allerdings nicht immer erwünscht, und aus stilistischen Gründen fällt dann die Entscheidung für eine Lasur oder einen deckenden Anstrich. Alle Holzteile sollten noch vor dem Zusammenbau gestrichen werden. In der Nachbarschaft von Bäumen und in schattigen Bereichen ist von hellen Anstrichen abzuraten, da die Hölzer oft sehr schnell verschmutzen, Moos ansetzen und dann ungepflegt aussehen.

Treillagen in vielfältigen Formen sind gängige Baumarktartikel. Doch die dort angebotenen Produkte mit ihren auf den ersten Blick sehr günstigen Preisen sollten immer einem kritischen Vergleich unterzogen werden. Meist bestehen die vorgefertigten Treillagen aus minderwertigen Weichhölzern, haben sehr dünne Holzprofile und sind mit ihren historisierenden Details oft nicht weit vom Kitsch entfernt. Der vom Handwerker ausgeführte Treillagezaun erweist sich als wesentlich solidere Konstruktion, und bei seiner individuellen Anfertigung können die jeweiligen Gegebenheiten viel besser berücksichtigt werden als bei vorgefertigten Bauelementen.

Treillagezaun mit Sockelmauer und Pfeiler

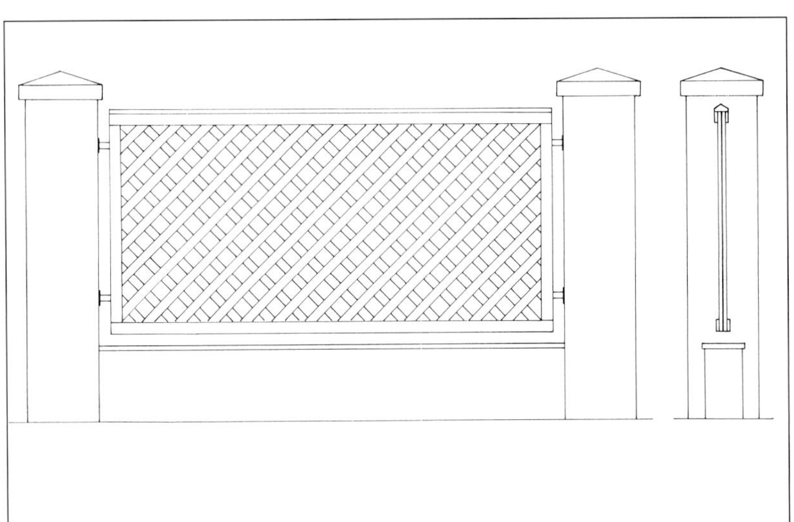

Treillagezaun mit Stahlpfosten

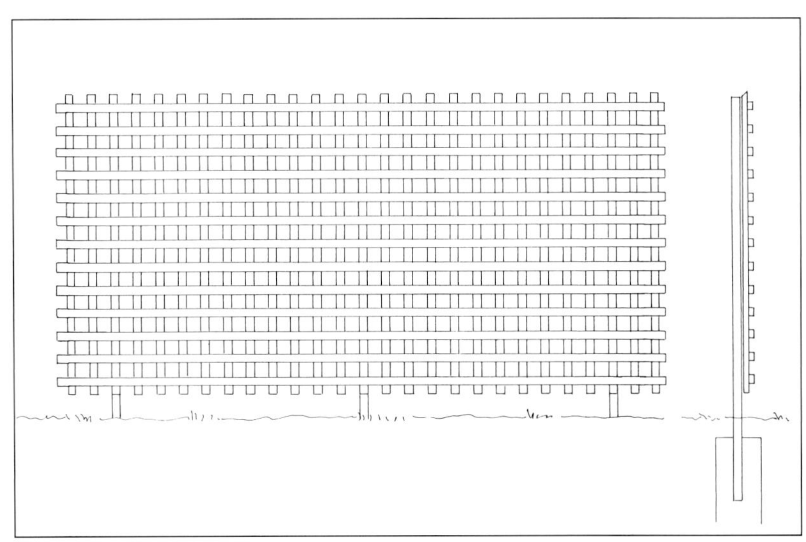

Bambuszäune

Das Thema Bambuszäune wäre wie kein anderes der hier angeschnittenen Themen eines eigenen Buchs wert. In der stark reduzierten, aber dadurch im Detail umso anspruchvolleren Formensprache der japanischen Gartenkunst sind Bambuszäune ein grundlegendes und dabei höchst faszinierendes Gestaltungselement mit einer handwerklich einzigartigen, hochentwickelten Kultur. Aus einem einzigen Material – Bambus in seinen unterschiedlichsten Dimensionen, vom dünnen Halm bis zum mehr als armdicken Stamm – wird eine unvorstellbare Vielfalt an Gestaltungen und Ausführungsformen entwickelt.
In Europa finden Bambuszäune vor allem in asiatischen Themengärten Verwendung. Sie wirken exotisch und sind deswegen trotz ihrer Schönheit als Grundstückseinfriedungen meist unangemessen. Wenn sie jedoch in eine entsprechende Gesamtkonzeption einbezogen sind, können sie im Garten ein sehr ausdrucksstarkes Gestaltungsmittel sein.
Vorgefertigte Bambuszäune werden als Importware vor allem in Form von Rollenware angeboten. Diese Fertigprodukte bieten in der Regel weder ausreichende Flexibilität noch die gewünschte handwerkliche Solidität. Vor Ort entwickelten und aufgebauten Sonderanfertigungen ist immer der Vorzug zu geben. Selbst in Deutschland gibt es einige spezialisierte, in Japan ausgebildete Fachleute; so hat sich zum Beispiel Axel Butenschön in Rellingen bei Hamburg deutschlandweit auf diesem Gebiet einen Namen gemacht.

Bambuszäune bestehen in der Regel aus längs und quer verlaufenden oder diagonal angeordneten Profilen. Durch die Dicken der einzelnen Profile und deren mehr oder weniger ausgeprägte Kontraste, die jeweilige Betonung der Horizontalen oder der Vertikalen und durch das gewählte Maß an Transparenz entstehen erstaunlich unterschiedliche, aber stets faszinierende und lebendige Strukturen.

Viele Konstruktionsformen, die hier für Holz- oder Metallzäune vorgestellt werden, findet man in übertragener Form auch an Bambuszäunen: zum Beispiel die von zwei Vertikalprofilen zusammengehaltenen horizontalen Profilschichtungen, die im Wechsel von hinten und vorne ausgeführten Verbindungen von Vertikal- und Horizontalprofilen, die Geflechte oder die baukonstruktive Trennung in Pfosten, Querriegel und Füllung. Auch für die Gestaltung des Fuß- und Kopfpunktes fand man zu ähnlichen Lösungen, sei es ein gemauerter Sockel oder ein halbrund aufgeschnittenes Bambusprofil als wetterschützendes Abschlussprofil.

Neben dem faszinierenden Baumaterial Bambus an sich, das nicht nur eine reizvolle Farbe, glänzende Oberfläche und hohe Witterungsbeständigkeit, sondern auch die Anmutung eines vollkommen natürlichen Werkstoffs hat, ist es vor allem die ungewöhnliche Art der Verbindungen, die den Bambuszäunen ihr charakteristisches und für unser Empfinden exotisches Erscheinungsbild gibt. Während Stahlprofile durch Schrauben, Nieten oder Schweißen verbunden werden und Holzprofile üblicherweise genagelt oder verschraubt werden, sind die runden Bambusprofile durch kunstvoll ausgeführte Knoten aus speziellen Naturfaserschnüren verbunden. Gerade durch diese Verknotungen, die oft besonders ins Auge fallen, weil die Schnüre schwarz eingefärbt sind, spürt man die hohe Handwerkskunst, die in diesen Zäunen steckt.

Für größere Baumbuszäune werden die Pfosten in Kiefern- oder Zedernholz und gelegentlich auch in Naturstein ausgeführt. Zur Verbesserung der Witterungsbeständigkeit werden diese Holzpfosten oft angesengt und bilden dann mit ihrem intensiven Schwarz einen lebhaften, wirkungsvoll gliedernden Kontrast zu den hellen Farbtönen des Bambus.

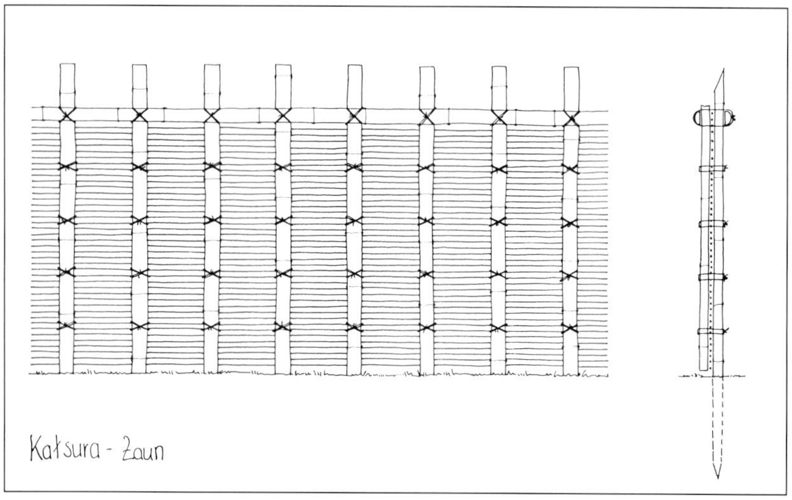

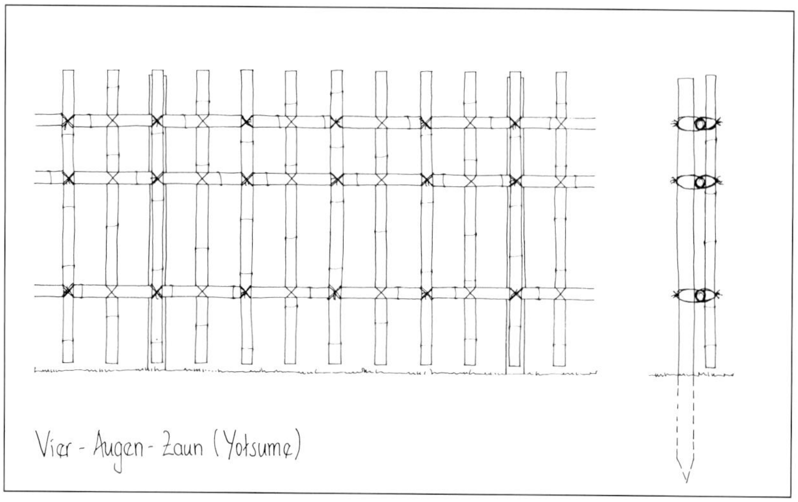

oben: Sichtschutzzaun aus Bambusgeflecht in Kombination mit Granitpfosten
unten: Bambuszaun mit geflammten Pfosten, horizontalen Querriegeln und vertikalen Bambusstäben, Verknotungen aus schwarzer Hanfschnur; Bremen

oben: Sichtschutzzaun mit Eichenpfosten in Edelstahlhülsen und doppelt geführten Vertikalprofilen; Berlin
unten: Sichtschutzzaun im Altstadtbereich; Neumarkt, Oberpfalz

Sichtschutzzäune und Raumteiler

Angesichts der heute üblichen, relativ kleinen Grundstücke in geschlossenen Siedlungsbereichen ist der Wunsch nach intimen, sichtgeschützten Freiräumen besonders groß. Sichtschutzzäune sind hier als schnell realisierbare, preiswerte und platzsparende Lösung wesentlich beliebter als Mauern, Hecken oder Sichtschutzpflanzungen. Insbesondere die häufig unmittelbar aneinander grenzenden Terrassen von Reihenhausbebauungen wecken einen sehr ausgeprägten Bedarf an Sichtschutzelementen. Wenn der Architekt diesbezügliche Bedürfnisse der Bewohner ignoriert, werden die Eigentümer schon wenige Tage nach dem Einzug in ihre Häuser zur Selbsthilfe greifen und verschiedenartige Konstruktionen errichten. Sofort ist dann das architektonische Gesamtbild der Wohnbebauung durch ein buntes Sammelsurium von stilistisch fragwürdigen Elementen verdorben. Wenn der Sichtschutz als eine grundlegende Gestaltungsaufgabe verstanden und mit entsprechender Sorgfalt in die Gesamtplanung einbezogen wird, können auch sehr kleine Freiräume durch ihn erheblich aufgewertet werden.

Sichtschutzzäune sollen einerseits optische Geschlossenheit zeigen, andererseits möchte man den Eindruck von plumper Abschottung vermeiden. Eine sehr gute und weit verbreitete Lösung bieten wechselseitig beplankte Bretter- oder Lattenzäune, die zwar geschlossen sind, sich aber mit einer lebendigen Struktur und aufgelockerten Ansichtsfläche präsentieren, zumal wenn sie berankt sind. Auch die schuppenartige Anordnung der Bretter, die so genannte Stülpschalung, oder die von Holzfassaden bekannte Boden-Deckelschalung entschärfen das wandartig abweisende Erscheinungsbild eines geschlossenen Bretterzauns, bei dem die Hölzer dicht an dicht auf die Querriegel aufgeschraubt sind.

Sichtschutzzäune werden im Heimwerkerbereich oft auch in Form von Lamellenzäunen ausgeführt, die als gängiges Massenprodukt überall zu beziehen sind. Die Zaunelemente bestehen aus einem Lattenrahmen mit einer Füllung aus 5 bis 10 Millimeter dicken Holzstreifen, die zusammen eine geflechtartige Gesamtstruktur bilden. Die einzelnen Rahmen werden an Kantholzpfosten befestigt. Diese Konstruktionen sind meist recht labil und werden schnell zum Opfer von Stürmen oder starken Schneelasten.

Lamellenzäune werden vorwiegend an Terrassen und Grundstücksrändern verwendet. Leider ist die farbliche und stilistische Einbindung dieser Elemente fast immer unbefriedigend, und so haben die Lamellenzäune bei Planern keinen guten Ruf.

Die Erkenntnis, dass ein kleiner Garten größer und erlebnisreicher gemacht werden kann, wenn man ihn in mehrere Gartenräume gliedert, gehört zu den Grundlagen der Garten- und Landschaftsarchitektur. Üblicherweise werden die Raumeinteilungen mit Hecken hergestellt, alternativ kommen auch berankte Holzzäune in Frage, die als Raumteiler ebenso effektiv sind aber wesentlich weniger Platz beanspruchen. Vor allem in der niederländischen Garten- und Landschaftsarchitektur, die im gestalterischen Umgang mit kleinen Grundstücken besonders geübt ist, findet man viele Beispiele für die Verwendung von zaunartigen Raumteilern. Im Privatgarten des Gartenarchitekten Dick Huigens in Zeist bei Utrecht wurden mit Vierkantpfosten und horizontalen Latten aus sägerauen, unbehandelten Hölzern Raumteiler geschaffen, die den Garten in sehr ausgeprägter Weise gliedern und in mehrere, ganz unterschiedliche *grüne Zimmer* unterteilen.

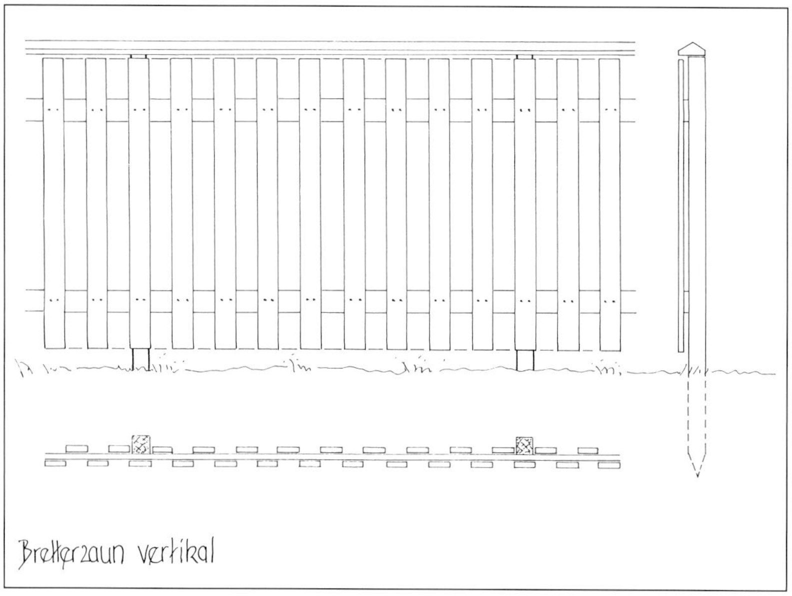

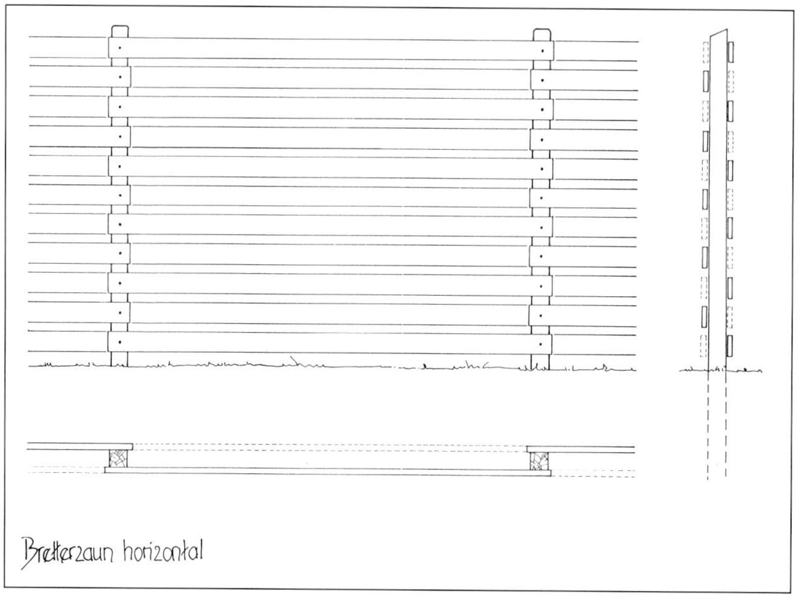

Holzzäune als Raumteiler haben einen wesentlich geringeren Platzbedarf als Hecken oder Mauern; Beispiel aus einem Hausgarten in Zeist; Niederlande.

Metallzäune

Schön gestaltete Metallzäune erfüllen einen hohen repräsentativen Anspruch und versprechen ein hohes Maß an Sicherheit. Aus stilistischen Gründen, vor allem aber wegen der beträchtlichen Stabilität, der Haltbarkeit und des vergleichsweise geringen Pflegeaufwands werden Metallzäune sehr geschätzt und finden sowohl im historisch geprägten als auch im modernen Umfeld Verwendung. Metallzäune haben in der Regel ein betont städtisches Erscheinungsbild und wirken im ländlichen Umfeld schnell unangemessen und übertrieben.

Künstlerisch gestaltete Metallzäune waren vor allem im 19. Jahrhundert und zur Zeit des Jugendstils sehr beliebt. Aufgrund der soliden Ausführung sind noch heute viele dieser Zäune erhalten, sie bilden oft in ganzen Stadtteilen ein charakteristisches Element. Wie die zu Beginn des 20. Jahrhunderts entstandenen Zäune und Tore der Villenkolonie Mathildenhöhe in Darmstadt zeigen, wurde der Gestaltung ein sehr hohes Maß an künstlerischer Kreativität zuteil.

Die gute Haltbarkeit der Metallzäune führt auch dazu, dass sich heute im Handel mit historischen Baustoffen ein breites Angebot an Metallzäunen und -torelementen findet. Sofern die Zaunelemente stilistisch in die Umgebung passen und die Bereitschaft besteht, sie durch qualifizierte Planung stimmig einzubinden, kann in besonderen Fällen auf historische Objekte zurückgegriffen werden. Man kann diese Zaunelemente durch Sandstrahlen, Verzinken und Lackieren in denkmalpflegerischem Sinne restaurieren und dann neu verwerten.

Heute sind zwar viele standardisierte Metallzäune erhältlich, doch das Angebot beschränkt sich meist auf sehr einfache, funktionale oder bedenklich verkitschte Formen. Weit verbreitet sind auch diverse Gitterzäune, die zwar sehr solide und vergleichsweise preisgünstig sind, aber kaum einen ästhetischen Ausdruck besitzen und von daher als straßenseitige Einfriedung von Wohnhaus- und Villengrundstücken nicht zu empfehlen sind.

Sofern für neu zu schaffende Einfriedungen Metallzäune vorgesehen sind und ein gestalterischer Anspruch besteht, lässt sich unter den konfektionierten Produkten nur schwer etwas Geeignetes finden. Soll ein ansprechendes Gesamtbild erreicht werden, müssen die Zaunanlagen vom Planer entworfen und von einem Schlosser individuell nach Plan angefertigt werden.

Ein Metallzaun besteht in der Regel aus einer Reihe fundamentierter Pfosten und daran befestigten horizontalen Querriegeln mit vertikalen Füllstäben. Die Pfosten können in Mauerwerk oder ebenfalls in Stahl ausgeführt werden. Oft wird ein Metallzaun auch mit einem Sockel in Mauerwerk kombiniert, und der eigentliche Zaun beginnt erst in einer Höhe von 60 bis 80 cm. Zaunelemente, die bis zum Boden reichen, werden bei Bedarf im Basisbereich engmaschiger oder auch mit geschlossenen Flächen ausgeführt, um so das Eindringen von Hunden oder Katzen zu verhindern.

Für die konstruktiven Teile des Metallzauns stehen heute sowohl Hohl- als auch Vollprofile mit quadratischen, rechteckigen oder runden Querschnitten zur Verfügung, zudem Flachstahl-, T-, U- und L- Profile sowie verschiedene, speziell für Zäune entwickelte Bandstahlprofile, die so genannten Hespeneisen. Für die Füllung der Zaunelemente kommen außer Stäben aus Profilstahl auch flächige Elemente in Form von Lochblechen, Streckmetallen oder Edelstahlgeflechten in Frage. Die einzelnen Konstruktionsteile werden durch Verschweißen, Nieten oder Verschrauben miteinander verbunden.

Für Metallzäune wird in der Regel normaler Baustahl verwendet, der meist nach Abschluss der Bearbeitungen feuerverzinkt wird, um einen beständigen Korrosionsschutz zu erreichen. Stahlteile, die lediglich mit einer Rostschutzgrundierung und zwei Deckanstrichen versehen sind, beginnen spätestens nach zehn Jahren an kritischen Punkten zu rosten und bedürfen dann fortwährender Pflegemaßnahmen, um dauerhaft gepflegt zu wirken. Die Feuerverzinkung, die ihr auffälliges, hell glänzendes Erscheinungsbild schon nach wenigen Wochen verliert und bald einen stumpfen Grauton annimmt, kann roh belassen oder aus gestalterischen Gründen zusätzlich noch lackiert werden. Dabei ist unbedingt darauf zu achten, dass die verwendete Farbe für ein Auftragen auf verzinkte Oberflächen geeignet ist, ansonsten muss eine entsprechende Vorbehandlung erfolgen. Farbige Anstriche verlieren durch UV-Einwirkung im Freiraum leider schon nach wenigen Jahren an Qualität, so dass man am besten einen anthrazitfarbenen Anstrich, so genanntes Eisenglimmergrau, verwendet, denn diesem Anstrich ist die nachlassende Farbqualität kaum anzusehen.

Seit einigen Jahren werden Zäune gelegentlich auch in Edelstahl ausgeführt. Das Material ist gut doppelt so teuer wie feuerverzinkter Stahl, dafür

oben: Dekorativer Metallzaun im Umfeld eines denkmalgeschützten Gebäudes; München-Maxvorstadt
unten: Moderner Metallzaun, der sich stilistisch an historischen Frontgitterzäunen orientiert; Berlin-Mitte

oben: Moderner Metallzaun, Pfosten aus Doppel-T-Profilen, Querriegel aus Hespeneisen, Füllungen aus Vierkantvollstäben; Berlin
unten: Einfriedung einer Wohnanlage mit solidem Metallzaun in Friedrichshafen

jedoch vollkommen wartungsfrei. Edelstahl sollte mit größtem Bedacht eingesetzt werden, da das glänzende Material bei einer Verwendung in größeren Mengen schnell unangenehm aufdringlich wirkt.

Für das ästhetisch gelungene Erscheinungsbild eines Metallzauns sind die Dimensionen der verwendeten Profile sowie die Proportionen der Einzel- und Gesamtflächen von größter Bedeutung. Ein wenige Millimeter zu dick bemessenes Profil und ein fingerbreit zu groß gewählter Abstand zwischen zwei Stäben ergeben sofort ein unbefriedigendes Gesamtbild.

Im Vergleich zur Jugendstilzeit, in der die Metallzäune mit vielen kunsthandwerklichen Details geschmückt waren, ist man heute bei Zaungestaltungen meist recht zurückhaltend. Dennoch kann durch die gezielte Auswahl der Profile und deren Kombinationsvarianten oder auch durch das Einfügen geschlossener Flächen eine Differenzierung innerhalb der Rasterstruktur und somit eine hohe gestalterische Qualität erreicht werden.

Aufgrund der deutlich geringeren Materialdimensionen sind Metallzäune transparenter als Holzzäune. Falls eine stärkere Blickdichte gewünscht wird, lässt sich ein Metallzaun sehr gut mit einer Hecke kombinieren. Der Metallzaun liefert die technisch solide Begrenzung, während die Hecke einen perfekten Sichtschutz bietet und dennoch nicht als Abschottung empfunden wird. Aufgrund der Transparenz des Zauns erhalten die Heckenpflanzen genügend Licht, so dass sie sich zu beiden Seiten gut entwickeln können. Diese Kombination von Zaun und Hecke lässt sich sowohl mit repräsentativen Zaunanlagen wie auch mit einfachen Gitter- oder Maschendrahtzäunen realisieren.

Während die Hecke hinter einem repräsentativen Zaun immer so weit zurückgeschnitten werden sollte, dass der Zaun noch zur Geltung kommt, ist bei Gitter- oder Maschendrahtzäunen das schnelle Überwachsen des Zauns erwünscht. Der Zaun wächst in die Bepflanzung hinein, tritt optisch zurück und ist, nachdem sich die Hecke voll entwickelt hat, gar nicht mehr zu sehen.

Schematische Konstruktionsdarstellung der beiden nebenstehend abgebildeten Metallzäune

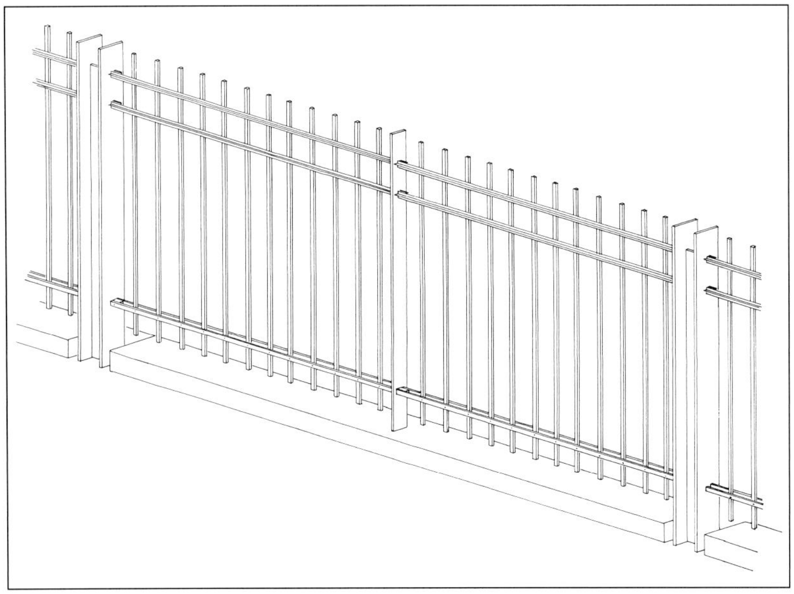

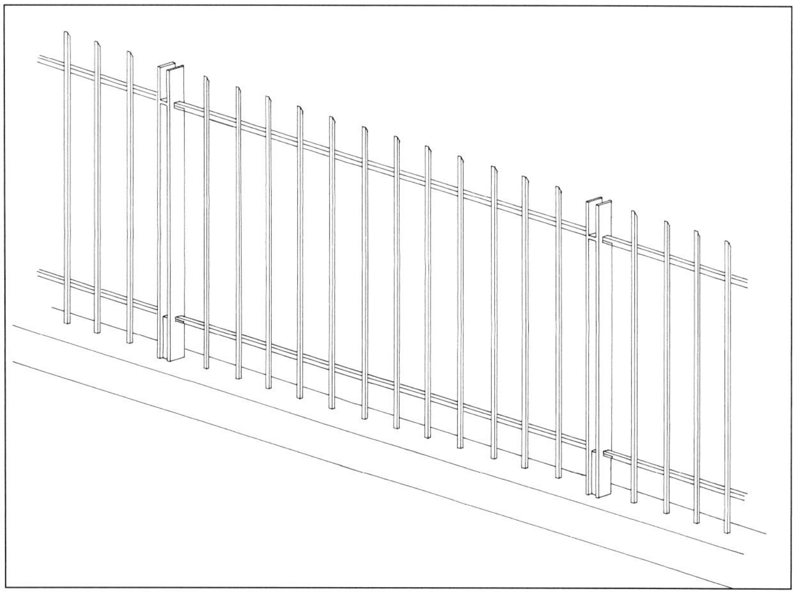

links oben und unten: Zaun und Eingangstor aus feuerverzinkten Flachstahlprofilen, Füllungen aus Lochblech; Köln-Marienburg.

rechts: Zaun aus Flachstahlprofilen und Rundrohren in Cortenstahl; Berkeley, Kalifornien, USA

Tore und Törchen

Holz oder Metall lautet die erste Frage, wenn ein Gartentor zu planen ist. Metall hat zwar den Ruf, haltbarer und pflegeleichter zu sein, doch bei Kälte fasst man ein Tor aus Metall nur ungern an und sensible Ohren stören sich an dem Geräusch beim Zuschlagen eines Metalltors. In Verbindung mit der Architektur, vor allem der modernen Architektur spricht aus stilistischen Gründen sehr vieles für ein Metalltor, doch wir wissen auch, dass den Holztoren oft eine besondere Liebenswürdigkeit und sympathische Ausstrahlung zu eigen ist, die von einem Metalltor kaum erreicht werden kann.

Steht man vor der Wahl zwischen Holz oder Metall, sollte vor allem der Zusammenhang mit der Art der Grundstückseinfriedung gesehen werden. Zu einem Lattenzaun gehört selbstverständlich ein Lattentor, wie zu einem Metallzaun ein Metalltor gehört. Ist das Tor in eine Mauer eingefügt, kommen sowohl Ausführungen in Metall als auch in Holz in Frage. Im Zusammenhang mit einer Hecke ist ebenfalls beides möglich, doch ein an Holzpfosten statt an gemauerten Pfeilern angeschlagenes Tor fügt sich hier besser ein, zumal der Wurzelraum der Hecke in diesem Fall nicht durch Fundamente beeinträchtigt wird.

Tore aus Metall sind meist über viele Jahre uneingeschränkt funktionstüchtig, während Holztore durch Schwinden oder Quellen des Materials bei bestimmten Witterungsverhältnissen immer wieder einmal Probleme bereiten.

Die heute im Zusammenhang mit einem Eingangstörchen üblichen Ausstattungen wie Sprechanlagen, Briefkästen, elektrische Türöffner, Beleuchtung, Bewegungsmelder und Videoüberwachungen lassen sich besser im Zusammenhang mit Stahl- als mit Holzkonstruktionen ausführen. In Hohlprofilen aus Metall sind Elektroleitungen sehr bequem und versteckt zu führen.

Bei der Planung eines Eingangstors stellen sich neben der Frage nach dem Material auch die Fragen nach ein- oder zweiflügliger Ausführung, nach den Abmessungen und dem Grad an Geschlossenheit oder Transparenz. Vor allem aber stellen sich – in ganz anderem Umfang als für Zäune – Fragen nach der Konstruktion. Da Tore besonders stark beanspruchte Bauteile sind, ist eine größtmögliche Solidität und Stabilität verlangt. Aus dem Eigengewicht des Torflügels und seiner seitlichen Aufhängung resultiert ein Kräftespiel, das statisch-konstruktiv abgesichert sein muss. Tore werden normalerweise als ausgesteifte Rahmen ausgeführt, sei es aus verschweißten Vierkant- oder T-Profilen in Metall oder aus Holzprofilen, die durch die im Tischlerhandwerk üblichen Verbindungen zu einem Rahmen zusammengefügt werden. Um die notwendige Aussteifung zu erreichen, wird oft eine zur oberen Aufhängung hinführende Diagonalstrebe eingebaut, ein konstruktives Detail, das sowohl im Holz- als auch im Stahlbau gebräuchlich ist. Die notwendige Aussteifung kann auch durch zusätzliche Horizontalprofile oder durch das Einfügen flächiger Teile erreicht werden.

Bei der Planung eines Tors ergeben sich auch zahlreiche technische Detailfragen, zum Beispiel nach der Ausführung des Türdrückers, des Schlosskastens und des Schließblechs, der Bänder und Kloben. Das schönste Design des Tors wird zunichte, wenn die Beschläge nicht zum Gesamtbild passen. Bei zweiflügligen Toren ist über den Verriegelungsmechanismus des feststehenden Flügels nachzudenken (des so genannten Stehflügels im Unterschied zum frei beweglichen Gehflügel). An einem sorgfältig geplanten Tor gibt es auch einen Feststeller, um es bei Bedarf offen halten zu können, ohne dass es vom Wind zugeschlagen werden kann.

Die Zugangstore von Wohnhausgrundstücken sind wie kaum ein anderes Element als individuelles Ausdrucksmittel geeignet, und so gibt es für sie eine Vielzahl gestalterisch origineller Lösungen, vor allem bei Ausführungen in Stahl, der sehr viel mehr konstruktive und formale Freiheiten zulässt als Holz. Wir möchten aber hier keine Sammlung kurioser Einzelstücke präsentieren, sondern anhand gut geplanter und handwerklich hervorragend ausgeführter Beispiele zu einer katalogartigen Zusammenstellung vorbildlicher Grundtypen finden.

Das vom dänischen Gartenarchitekten Andreas Bruun entworfene Gartentor – es ist der rückwärtige Zugang seines Privatgartens in Køge – ist ein bemerkenswerter Sonderfall. Mit seiner klaren Struktur aus feuerverzinkten 8-x-20-Millimeter-Flachstahlprofilen und all seinen Details ist es eine hervorragend geplante Konstruktion, die wie ein klassischer Prototyp wirkt, sich aber bei genauerer Betrachtung doch als ein sehr originelles Einzelstück erweist. Die etwas ungewöhnliche Einteilung, die trotz des einheitlichen Rasters insgesamt weder symmetrisch noch regelmäßig aufgebaut ist, zeigt in abstrahierter Form den Grundriss des dahinter liegenden Gartens (siehe Seite 88).

Für die Architekten des Deutschen Werkbundes, die Anfang des 20. Jahrhunderts einen typischen Villenstil entwickelten, waren formschöne, weiß lackierte Tore ein charakteristisches Gestaltungselement; Beispiele aus München und Berlin.

Liebevoll gestaltetes und handwerklich hervorragend ausgeführtes Lattentörchen, das in eine Buchenhecke eingefügt ist; Villenvorort Kapellen, bei Antwerpen, Belgien

Gartentor aus Flachstahlprofilen 8 x 20 Millimeter zum Hausgarten in Køge, Dänemark. Die Struktur des Törchens gibt in abstrahierter Form den Gartengrundriss wieder.

Ungewöhnliche, aber sehr bemerkenswerte Gestaltung eines zweiflügeligen Garagenzufahrtstors, Rahmen aus Flachstahl 40 x 10 Millimeter und Kastenprofil 80 x 40 Millimeter, vertikale Rundrohre 1,5 Zoll, eingeflochtene und angenietete Flachstahlprofile; Köln-Marienburg

oben links: Hauszugangstörchen aus Flachstahlprofilen und Vollstäben mit Aussteifungsdiagonale, Ausführung in Edelstahl; München-Solln
oben rechts: Hauszugangstörchen aus Edelstahl; München-Pullach

unten links: Zweiflügeliges Törchen aus Hespeneisen und Vierkantstäben, Pfosten aus H-Profilen; Berlin
unten rechts: Toranlage aus horizontalem Kastenprofil 50 x 30 Millimeter und vertikalen Flachstahlprofilen 50 x 8 Millimeter; Köln-Marienburg

Die Formenvielfalt der Zäune erweist sich als äußerst vielfältig, wenn man bereit ist, mit offenen Augen durch den Alltag zu gehen. Ja sie erscheint geradezu unerschöpflich, wenn man ihr Prinzipielles ins Auge fasst, und Zäune, Geländer, Schranken, Leitplanken, Brüstungen in die Beobachtungen einbezieht. Besteht der allgemeine Zweck dieser Dinge doch im Einfrieden, Begrenzen, Sichern unserer Bewegungsräume.

Otto Sudrow, 2005

Zäune und Tore in öffentlichen Grünräumen

Zäune und Tore in öffentlichen Grünräumen

oben: Zaungestaltung beim Parc André Citroën; Paris
unten: Parc de Bercy; Paris

Metallzäune

Für repräsentative Metallzäune in öffentlichen Parks und Gärten findet man überall in den europäischen Großstädten zahlreiche historische Vorbilder. Vielerorts sind nicht nur Schlossgärten, sondern auch öffentliche Stadtparks oder die Freiräume von Universitäten und Schulen von aufwendig gestalteten, hohen schmiedeeisernen Zäunen umschlossen. Bei den eingefriedeten Anlagen handelt es sich meist um Bereiche, die frei zugänglich sind, jedoch bei Einbruch der Dunkelheit abgeschlossen werden. Bei diesen traditionellen Zaunanlagen fügen sich schwarz lackierte, senkrechte Metallstäbe, die häufig mit lanzenartig ausgeformten und vergoldeten Spitzen versehen sind, zu einer fast endlosen Reihe und legen ein teilweise kilometerlanges, majestätisches Schutzschild um das umschlossene Grün.

Bekannte Beispiele sind die Einfriedungen der Tuilerien-Gärten in Paris, des Regent's Park in London oder des Volksgartens in Wien. Auch bei zahlreichen anderen, weniger bekannten Anlagen des 18. und 19. Jahrhunderts findet man in ähnlicher Art ausgeführte Zaunanlagen. Neben ihrer Schutzfunktion haben diese Zäune meist auch eine repräsentative Aufgabe zu erfüllen. Sie stellen eine noble Rahmung dar, verleihen der Anlage Glanz und Würde und signalisieren, dass sich hinter dem Zaun eine ganz besondere, schützenswerte Grünfläche oder Parkanlage befindet.

Die in den achtziger und neunziger Jahren des 20. Jahrhunderts neu entstandenen Parkanlagen in Paris, zum Beispiel der Parc André Citroën oder der Parc de Bercy, zeigen, wie die historischen, in Schmiedeeisen ausgeführten Vorbilder auf moderne Weise umgesetzt und mit den heute gebräuchlichen Walzstahlprofilen neu interpretiert werden können. Bei beiden genannten Beispielen wird, im Unterschied zum historischen Vorbild, auf gemauerte Zaunpfeiler verzichtet. Zur Befestigung der einzelnen Zaunfelder werden stattdessen Pfosten aus Profilstahl verwendet. Durch entsprechende Materialstärke, Konstruktion und Fundamentierung werden diese Pfosten trotz ihrer vergleichsweise geringeren Abmessungen den Anforderungen an Längs- und Queraussteifung in gleicher Weise gerecht wie die gemauerten Pfeiler der historischen Vorbilder.

An der Zaunanlage des Parc de Bercy sind die Spitzen der Vertikalstäbe abgeschrägt. Dadurch wird unbefugtes Übersteigen des Zauns erschwert, zugleich ist dieses Detail aber auch als Anklang an die lanzenartigen Spitzen der historischen Zaunanlagen zu verstehen.

Die gleiche Reminiszenz findet sich auch bei den Zäunen im Jardin Atlantique, einem avantgardistischen Dachgarten, 18 m über den Gleisen des TGV-Bahnhofs Maine-Montparnasse im Zentrum von Paris. Die 34 000 qm große Anlage wurde von François Brun, Michel Péna und Christine Schnitzler geplant und im Jahr 1994 fertig gestellt. Nicht nur die Grundkonzeption des Jardin Atlantique – Überbauung einer Bahnhofsanlage –, sondern auch viele Details sind außerordentlich anregend. Der Kernbereich dieses Dachgartens

Schematische Konstruktionsdarstellung der beiden nebenstehend abgebildeten Metallzäune

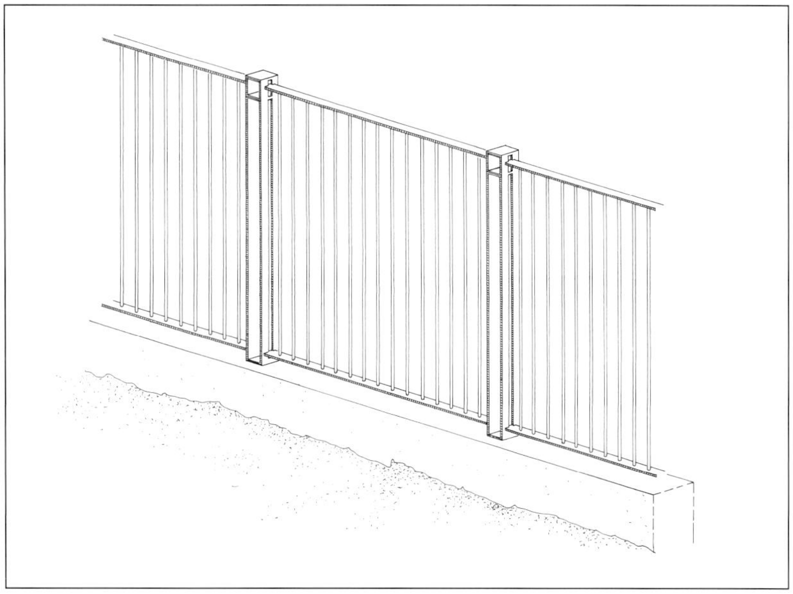

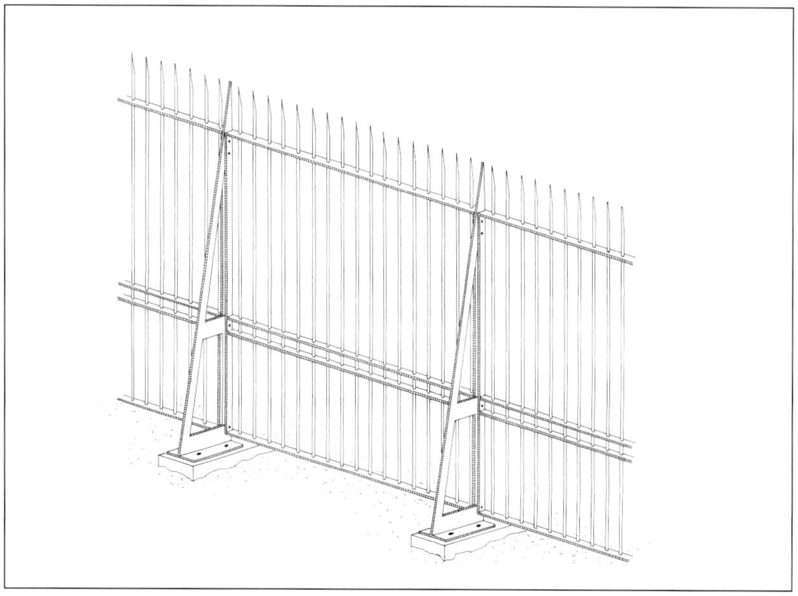

wird nach Einbruch der Dunkelheit abgeschlossen und ist deswegen umzäunt. Auch hier sind die Vertikalstäbe des Zauns in markanter Form angespitzt. Der frische blaue Anstrich und die Wellenform der Querstrebe verleihen der Umzäunung eine spielerische Note und ein sehr originelles, unverwechselbares Erscheinungsbild. Sowohl das Blau als auch die Wellenform sind Teil einer Bildsprache, die den ganzen Entwurf des Jardin Atlantique durchzieht. Auf den Bahnsteigen unterhalb des Dachgartens starten die Hochgeschwindigkeitszüge in Richtung Atlantik, und im Garten soll man nach den Vorstellungen der Planer bereits von den Wellen, dem Meer und den Dünen träumen. Der Zaun ist nicht nur Funktionsobjekt, sondern in dezenter Form auch ein Bedeutungsträger, indem seine Gestaltung gezielt die Leitthemen der Gesamtanlage aufgreift.

Auffällig gestalteter Zaun im Jardin Atlantique, einem Dachgarten über dem TGV-Bahnhof Montparnasse, Paris. Die wellenförmige Querstrebe und der blaue Anstrich sind als Metapher für das Meer zu verstehen, denn von diesem Bahnhof starten die Züge in Richtung Atlantik.

Metalltore

Die Tore im Bereich historischer Schlossgärten und Parkanlagen sind oft sehr prunkvoll und gelten als Meister- und Vorzeigestücke des Kunstschmiedehandwerks. Seit Anfang des 20. Jahrhunderts wird die künstlerische Qualität von Gebrauchsgegenständen – und ein Tor ist durchaus ein Gebrauchsgegenstand – nicht mehr an der Fülle der Dekorelemente gemessen, sondern an der Ausgewogenheit der Gestaltung, der Perfektion aller Details und der Solidität der handwerklichen Arbeit. Schlichtheit und Materialgerechtigkeit, Originalität und Qualität des Entwurfs sind heute die entscheidenden Wertmaßstäbe. Die klassische Formel »Schönheit ist der Glanz des Wahren« führt immer wieder zu der Erkenntnis, dass die einfach und klar gestalteten Dinge oft ein großes Maß an Schönheit besitzen. Die schwierige Gratwanderung zwischen dem genial Einfachen und dem banal Bedeutungslosen ist allen Planern und Designern aus ihrer täglichen Arbeit bekannt.

Ein gutes Beispiel für eine sehr schlichte und einfache, aber trotzdem sehr schöne, anspruchsvolle Gestaltung eines Portals findet man bei dem 2001 fertig gestellten Parc du 26[e] Centenaire, einem neuen Stadtpark in Marseille. Die von Bernard Huet geplante Anlage entstand auf dem Gelände eines ehemaligen Güterbahnhofs und ist, wie die meisten französischen Stadtparks, von einem hohen Zaun umschlossen. Es gibt drei repräsentative Eingangstore, die alle an solide ausgeführten und fein detaillierten Klinkermauern angeschlagen sind. Die zweiflügligen Tore, mit einer Durchgangsbreite von etwa 4 Metern sind aus massiven Vierkantprofilen konstruiert. Der außergewöhnliche Reiz dieser Tore liegt allein in der formalen Gliederung durch die Stahlprofile und der qualitätvollen Ausführung der technischen Details.

Zur Abgrenzung von Friedhöfen werden nur in seltenen Fällen Zäune verwendet, weil sich der Wunsch nach Geschlossenheit, Schutz und Abschirmung besser mit Hilfe einer Einfassungsmauer erfüllen lässt. Die Tore und Törchen der Friedhofsanlagen gleichen jedoch hinsichtlich des gestalterischen Anspruchs den Toren öffentlicher Parks und sind traditionell in Metall ausgeführt.

Bei allen gut geplanten Friedhofsanlagen ist der Gestaltung der Tore große Aufmerksamkeit gewidmet, denn die Zugänge werden von allen Besuchern passiert, sie werden als eine bedeutungsvolle Schwelle begriffen und stellen ein wichtiges Identifikationselement für die jeweilige Gesamtanlage dar. Das Bedürfnis nach einer würdigen Gesamterscheinung der Friedhofsanlagen bestimmt ganz wesentlich die Gestaltung der Tore. Oft sind in dezenter Weise auch sakrale Symbole in den Entwurf integriert.

Die Tore des vom Büro Axel Lohrer und Ursula Hochrhein geplanten und im Jahre 2000 fertig gestellten neuen Friedhofs in München-Riem fanden in den Fachmedien ungewöhnlich große Beachtung und entsprechend häufige Nachahmung. Mit ihren sauber verschweißten, vollkommen geschlossenen, glatten kubischen Volumen aus Cortenstahl zeigen sie sich in einer nicht zu überbietenden Einfachheit und Schlichtheit. Die Tore haben eine Dicke von 13 Zentimetern und Höhen zwischen 130 und 170 Zentimetern. Die Breiten der Torflügel liegen zwischen 2 und 6 Metern. Da die Oberfläche des Cortenstahls zwar farblich sehr reizvoll, doch von haptisch nicht sehr ansprechender Wirkung ist, wurden – ein sehr delikates Detail – flächenbündig Griffstücke aus Bronze eingefügt. Die ebenso sorgsam gestalteten Beschlags- und Verriegelungsdetails sind in Edelstahl ausgeführt.

Auch das Karlsruher Gartenarchitekturbüro Klahn und Singer, das in den vergangenen Jahren mehrere Friedhofsanlagen geplant hat, entwirft die dazu gehörenden Toranlagen immer mit hohem Anspruch und sehr viel Gespür für gutes Design. Die Tore des neuen Friedhofs von Jöhlingen im Walzbachtal bei Karlsruhe zeigen beispielhaft, welch hohe künstlerische Qualität in der Gestaltung der Tore erreicht werden kann, und dies mit sehr einfachen Mitteln. Die Tore, ein 3,50 Meter breites, zweiflügliges Hauptportal, ein ebenso breites Tor zum Wirtschaftshof und zwei 90 Zentimeter breite Fußgängertörchen, sind an handwerklich vorbildlich ausgeführten Bruchsteinmauern aus Muschelkalk angeschlagen und bestehen konstruktiv aus Rahmen und Füllungen. Alle Stahlteile wurden feuerverzinkt und eisenglimmergrau lackiert. Für den Rahmen wurde ein 50 x 50 Millimeter starkes T-Profil verwendet. Die Füllungen bestehen aus einem Gitterraster aus Flachstahlprofilen mit Abmessungen von 30 x 7 Millimetern. Alle Kreuzungspunkte sowie die Anschlusspunkte der Füllung an das Rahmenprofil sind sauber genietet. Das Rastermaß des Gitters beträgt 21 x 21 Zentimeter, im unteren Bereich 7 x 7 Zentimeter. Durch die engmaschigere Ausführung im unteren Bereich der Tore, die sich in ähnlicher Weise auch bei vielen historischen Beispielen findet, ergibt sich nicht nur ein formaler Reiz, sondern auf diese Weise lässt sich auch das Eindringen von Tieren verhindern (siehe Seite 101).

oben: Neu gefertigte Zaun- und Toranlage der Musikschule Gottesauer Schloss in Karlsruhe
unten: Torlage des Nordwestfriedhofs in Karlsruhe

Für beide Beispiele wurden horizontale Hespeneisen 40 x 40 Millimeter verwendet und vertikale Füllstäbe aus Vierkantprofilen 20 x 20 Millimeter

Flächig geschlossene Tore aus Cortenstahl, Blechverkleidung auf Rahmenkonstruktion; neuer Friedhof, München-Riem

Zweiflügeliges Gittertor und einflügeliges Törchen mit Rahmen aus T-Profilen 50 x 50 Millimeter und Gitterfüllungen aus Flachstahlprofilen 7 x 30 Millimeter; Friedhof Jöhlingen, Landkreis Karlsruhe

oben: Der Holzpalisadenzaun um den Botanischen Garten in Barcelona folgt dem natürlichen Geländeverlauf.
unten: Niedriger Scherenzaun mit geschwungener Linienführung; Parc Courneuve, Paris

Holzzäune

Da Holzzäune nicht die Robustheit und Dauerhaftigkeit von Metallzäunen besitzen und bei den gängigen Konstruktionen die maximale Höhe auf etwa 2 Meter begrenzt ist, findet man nur äußerst selten Holzzäune zur Einfriedung öffentlicher Grünräume. Die fast 1,5 Kilometer lange und gut 2 Meter hohe Einfriedung des 1999 fertig gestellten neuen Botanischen Gartens in Barcelona ist eine der wenigen Ausnahmen. Hier wurde ein so genannter Palisadenzaun errichtet, der aus einer gleichmäßigen Reihung im Erdreich verankerter Rundhölzer besteht. Bereits die Römer haben diese Art des Zaunbaus für ihre Befestigungsanlagen verwendet. Auch von mittelalterlichen Burg- und Wehranlagen sind solche Konstruktionen überliefert. Je nach dem gewünschten Maß an Geschlossenheit werden die Rundhölzer mehr oder weniger eng nebeneinander eingebaut.

Das Beispiel aus Barcelona zeigt, dass Palisadenzäune auch heute noch ein aktuelles Gestaltungsmittel sind. Die scheinbar endlose Reihung der Rundhölzer mit einem Durchmesser von 12 Zentimetern, die im Abstand von 15 Zentimetern in den Boden eingelassen sind, bietet ein sehr überzeugendes Bild, das durch die auffällige Abschrägung der Palisadenköpfe eine leichte und elegante Note erhält. Ein großer Vorteil solch eines Palisadenzauns liegt darin, dass er ohne Zwang jeder beliebigen Geländebewegung folgen kann. Der Zaun zeichnet die Geländekontur nach und bietet rund um das Gelände des Botanischen Gartens eine gleichbleibend hohe Barriere. Die Herstellungskosten eines Palisadenzauns sind erheblich geringer als die eines Metallzauns, was jedoch mit dem Nachteil einer geringeren, je nach Klima und Verarbeitung auf etwa zwanzig Jahre begrenzten Lebensdauer verbunden ist.

Innerhalb öffentlicher Grünräume besteht oft der Bedarf, verschiedenartige Teilbereiche abzugrenzen. Spielplätze und Picknickecken, Themengärten oder Tiergehege bedürfen einer Einfriedung und werden durch einen Zaun als schützenswerte Sonderbereiche definiert. Da die Zäune im Inneren eines Parks nicht ganz so hohen Belastungen ausgesetzt sind, werden für diese Untergliederung häufig Holzzäune verwendet.

Auf dem Killesberg in Stuttgart ist eine großzügige Spielplatzanlage von einem geschwungenen Staketenzaun gefasst. Es wird eine Grenze definiert, ohne auszugrenzen, was sowohl durch die weiche Linienführung als auch durch die ungewöhnliche Tatsache, dass der Zaun keine Rückseite hat, gelingt. Der Zaun zeigt sich nicht mit einer Vorder- und Rückseite, da die Staketen gleichmäßig auf beiden Seiten der Querriegel befestigt wurden.

In verschiedenen Bereichen des im Norden von Paris gelegenen Parc Courneuve wurden ebenfalls Holzzäune als Gestaltungsmittel eingesetzt. Die große Parkanlage wurde zwischen 1974 und 2004, in Bauabschnitte unterteilt, realisiert, wobei die Planer Allain Provost und Gilbert Samel trotz des sich schnell ändernden Zeitgeistes konsequent an durchgehenden Gestaltungselementen festgehalten haben. Dadurch wächst der Parc Courneuve zu einem großen Ganzen zusammen.

In diesem Park findet sich der heutzutage bei Planern ungeliebte Scherenzaun, auch Jägerzaun genannt, zur Schaffung kleiner inselartiger Gartenräume. Durch die handwerklich solide Ausführung, eine überzeugende Linienführung sowie die Konsequenz, mit der dieser Zauntyp zum Einsatz kommt, verliert sich die ansonsten etwas biedere Anmutung des Jägerzauns. Er wird hier aus seiner Banalität herausgehoben und erfährt auf diese Weise eine enorme Aufwertung.

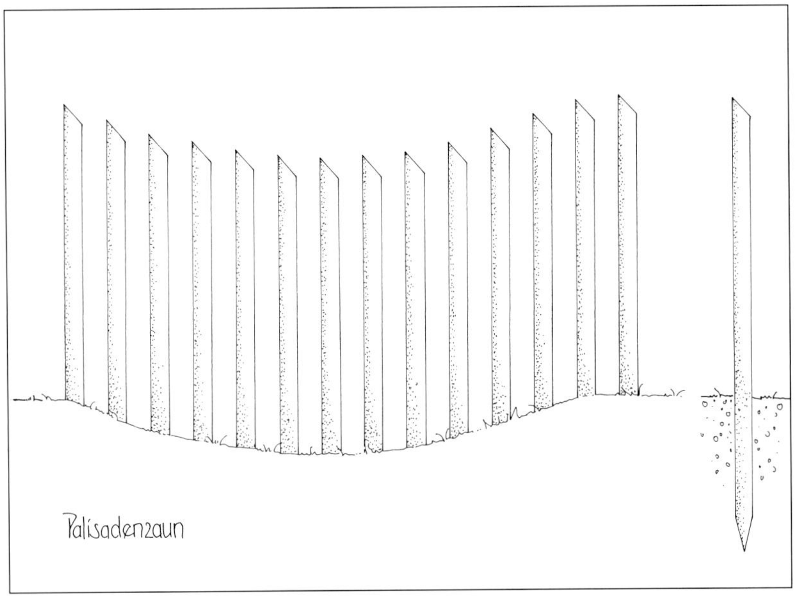

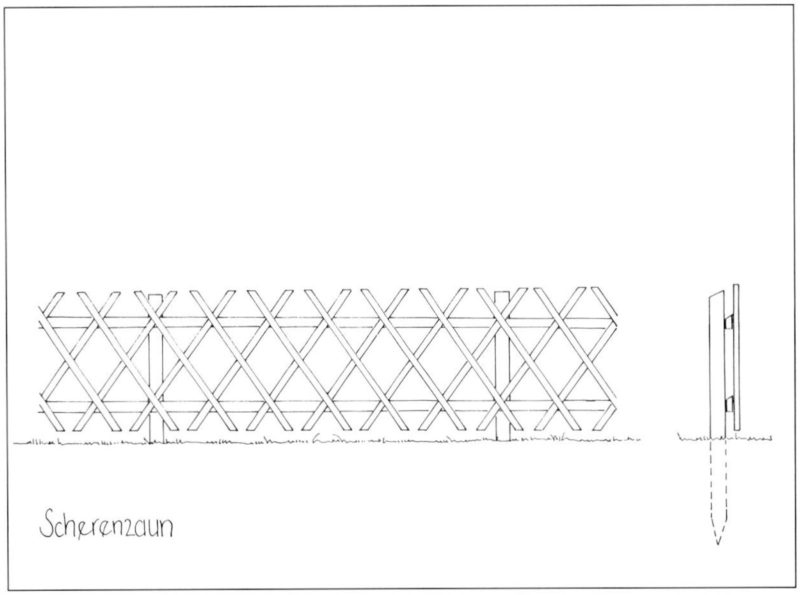

Brüstung aus Stahlprofilen; Spreeufer, Berlin, mit Blick auf die Westfront des Kanzleramtes

Brüstungen und Handläufe

In vielen Bereichen des öffentlichen Freiraums müssen Brüstungen, Geländer und Handläufe vorgesehen werden, um die notwendige Sicherheit zu gewährleisten. Bei allen frei zugänglichen Stützmauern mit mehr als einem Meter Höhenunterschied und meist auch bei Ufermauern, Treppen und Brücken besteht Absturzgefahr und somit die Notwendigkeit, schützende Brüstungen zu errichten. Gemäß den Vorgaben der jeweiligen Landesbauordnung müssen hier entsprechende Schutzvorkehrungen getroffen werden. Dabei ist besonders an die Gefährdungen der Kinder zu denken, und so sind die Brüstungen im unteren Bereich oft dichter geschlossen als im oberen.

Da Brüstungen unter bestimmten Umständen zugleich auch als Handlauf dienen sollen, wird für das obere Abschlussprofil oft ein Rundprofil verwendet, das angenehm anzufassen ist und gut in der Hand liegt. Häufig kommt bei der Materialwahl neben Edelstahl auch Holz in Frage. Um eine langfristig problemlose Benutzung zu gewährleisten, ist bei der Verwendung von Holz mit einem nicht unerheblichen Pflegeaufwand zu rechnen. Der Vorteil von Holz liegt vor allem in der deutlich angenehmeren Benutzung bei extremen Temperaturen.

Bei allen Konstruktionen mit horizontalen Quersprossen besteht die Gefahr, dass Kinder und Jugendliche auf die Brüstungen wie auf eine Leiter steigen und es dann zu Unfällen kommt. Mit einer sehr engen, für das Aufstellen des Fußes ungeeigneten Anordnung der Quersprossen oder mit einer ausgeprägten Schrägstellung der gesamten Brüstung lässt sich die Gefahr des Übersteigens vermindern. Brüstungen mit vertikalen Profilen sind deutlich sicherer, werden jedoch aus gestalterischer Sicht nicht so geschätzt, weil sich keine eleganten Linienführungen herstellen lassen.

Schrägstehende Brüstungen bieten bei richtiger Dimensionierung auch den Vorteil, dass Rollstuhlfahrer bis an das obere Abschlussprofil heranfahren können. Sie können bequem darüber schauen und sich bei Bedarf auch darauf abstützen. Insbesondere an Aussichtpunkten und bei Ufergestaltungen ist diese Rücksichtnahme auf die Bedürfnisse von Rollstuhlfahrern angebracht.

Aus Gründen der Stabilität und Dauerhaftigkeit werden Brüstungen im öffentlichen Freiraum meist in Stahl ausgeführt, in Edelstahl oder in feuerverzinktem Profilstahl. Lediglich im freien Landschaftsraum oder in sehr naturnah gestalteter Umgebung kommen rustikale Ausführungen in Holz in Frage.

In öffentlichen Parkanlagen sind vereinzelt auch Vegetationsbereiche durch Umwehrungen abzuschirmen, sei es zum Schutz empfindlicher Blumenbeete oder zur Lenkung der Spaziergänger, die zum Beispiel in einer sumpfigen Uferzone einsinken könnten. Vor allem für temporäre Konstruktionen bietet sich hier aufgrund der leichteren Handhabung sowie aus Kostengründung die Verwendung von Holz an. In bestimmten Fällen werden Umwehrungen auch allein zur Absturzsicherung bei gärtnerischen Pflegearbeiten vorgesehen. Sie sind dann meist in sehr einfacher, gestalterisch anspruchsloser und unauffälliger Weise konstruiert.

An Rampen und steilen Fußwegen ist die erforderliche Absturzsicherung oft in Form eines Handlaufs gegeben. Dadurch wird die Wegführung unterstrichen und ein Gefühl der Sicherheit vermittelt, bei qualitativ entsprechend hochwertiger Ausführung ergibt sich auch ein deutlicher gestalterischer Akzent.

Anfangspunkt einer Brüstung aus Stahlprofilen; Spreeufer, Berlin

links: Handlauf in einem waldartig gestalteten Bereich; Park von Schloss Dyck bei Mönchengladbach

unten und rechts oben: Brüstung mit Edelstahlprofilen; Baden-Baden
Mitte: Handlauf; Parc de Diagonal Mar, Barcelona
unten rechts: Schräg geführte Brüstung; Hafen von Greenock, Schottland

Niedrige Absperrzäune

Im Umfeld von stark frequentierten Fuß- und Radwegen besteht immer wieder die Notwendigkeit, angrenzende Rasenflächen und Pflanzbeete vor dem Betreten oder Überfahren zu schützen. Der Einsatz niedriger Absperrzäune bewirkt eine recht unauffällige, aber trotzdem wirkungsvolle Lenkung der Fußgänger und Radfahrer.

In zahlreichen großen Stadtparks der europäischen Metropolen, wie zum Beispiel im Berliner Tiergarten, gehören niedrige Absperrzäune zum gewohnten Bild, auch wenn sie mit ihrer bewussten Zurückhaltung nicht gleich ins Auge stechen. In Abständen von etwa zwei Metern reihen sich kleine gusseiserne Pfosten, die mit Bändern aus Flachstahl verbunden sind und so eine kontinuierliche Barriere bilden. Sie werden optisch keineswegs als störend empfunden, eher als dekoratives Element. Sie unterstreichen die Konturen der Wegeführung und präzisieren das formale Gesamtbild. Die niedrigen Zäune definieren eine deutliche Grenzlinie, die von Fußgängern nicht ohne Grund überschritten und von Radfahrern in gebührendem Abstand umfahren wird.

Trotz ihrer geringen Höhe werden die Zäune in der beabsichtigten Weise respektiert. So lassen sich zum Beispiel an Wegekreuzungen und Abzweigungen »abgelatschte Ecken« vermeiden, und enge Kurven werden nicht mehr zu Ungunsten angrenzender Rasenflächen geschnitten. In vielen öffentlichen Parks und Gärten werden die Absperrzäune nicht entlang dem gesamten Wegenetz eingesetzt, sondern in weiser Voraussicht nur an kritischen Stellen installiert. Durch diese sehr dezente, aber bestimmte Reglementierung lässt sich ein gepflegtes Erscheinungsbild der öffentlichen Grünanlagen dauerhaft gewährleisten. Nachdem die traditionellen Absperrzäune der historischen Parks lange Zeit wegen ihrer verspielten Details mehr als dekoratives denn als funktionales Element gesehen wurden und Reglementierungen jeglicher Art in Misskredit standen, hat man sich in den letzten Jahren auf dieses sehr zweckmäßige und oft unverzichtbare Gestaltungselement zurückbesonnen. Dank zeitgemäßer Materialien und Verarbeitungstechniken fand man zu neuen und modernen Gestaltungsformen. Sowohl Garten- und Landschaftsarchitekten als auch Hersteller von Produkten für Freiraumausstattung haben erkannt, dass die Gestaltung von soliden kleinen Absperrzäunen ein ernst zu nehmendes Thema ist, und sich dieser Aufgabe gestellt. Es gibt inzwischen viele formal sehr ansprechende Serienprodukte im Sortiment verschiedenster Anbieter, aber genauso gut und situationsbedingt eventuell sogar preiswerter können die Absperrzäune auch vom Planer entworfen und vom Schlosser angefertigt werden.

Die niedrigen Absperrzäune werden meist in Profilstahl ausgeführt, wobei Flachstahl, T-Profile, L-Profile, Kasten-Profile, Rundrohre oder Vollstäbe sowie vielfältige Kombinationen zum Einsatz kommen. In der Regel verwendet man »normalen« Baustahl, also Stahl mit der Kurzbezeichnung ST 37, der dann zum Schutz vor Korrosion feuerverzinkt und aus gestalterischen Gründen oft auch noch zusätzlich mit einer farbigen Lackierung versehen wird. Vereinzelt sieht man auch niedrige Absperrzäune aus Edelstahlprofilen.

Die Unterschiede im Erscheinungsbild der niedrigen Absperrzäune ergeben sich nicht nur aus der Wahl des Materials und der Profilabmessungen, sondern auch aus der Art der Konstruktion. Hier stellt sich zunächst die Frage, wie der Knotenpunkt gestaltet wird: Wie wird der vertikale kleine Pfosten mit den horizontalen Bändern verbunden? Die Lösung dieses Verbindungspunktes prägt ganz wesentlich das Aussehen des Zauns.

Mit Beschriftungen, zum Beispiel im Siebdruckverfahren oder durch Ausfräsen von Buchstaben, können Flachstahlprofile, die als Querstreben eines Absperrzauns eingesetzt sind, neben ihrer eigentlichen Schutzfunktion die Rolle von Beschilderungen übernehmen.

Absperrungen aus Holz wirken aufgrund der zwangsläufig stärkeren Dimensionen vergleichsweise wuchtig und rustikal. Sie haben aber den entscheidenden Vorteil, dass sie vom Autofahrer – auch im Rückspiegel – besser wahrgenommen werden, und so findet man sie in öffentlichen Grünräumen vor allem im Bereich von Besucherparkplätzen oder zur Begrenzung von Fahrbahnspuren. Die Absperrzäune weisen die Autofahrer in ihre Grenzen, unterbinden ein wildes Ausufern der Parkierungsflächen und schützen die angrenzenden Vegetations- und Rasenflächen. Erfahrungsgemäß werden jedoch auch sehr solide ausgeführte Absperrzäune immer wieder durch Fahrzeuge zerstört. Im demolierten Zustand sehen sie dann meist noch schlimmer aus als eine ramponierte Rasen- oder Vegetationsfläche. Der Reparaturaufwand ist erheblich, und die Schadensverursacher sind meist nicht feststellbar. Im Bereich von Verkehrsflächen müssen die Planungen auf diese Problematik reagieren, am besten durch eine massive Bordsteinaufkantung. Zwischen Bordstein und Zaun ist dann ein reichlich bemessener Abstand einzuhalten, der sicherstellt, dass der Reifen eher gegen den Bordstein stößt als die Stoßstange gegen den Zaun.

unten: Brüstung aus Holzprofilen in »The Lost Gardens of Heligan« in Cornwall, England

rechts oben: niedriger Absperrzaun im Parc Courneuve, Paris
rechts Mitte: Absperrzaun zwischen einem Sportplatz und angrenzenden Parkplätzen; Banchory, Schottland
rechts unten: Brüstungen im Garten von Schloss Hillerød, Dänemark

Die flächendeckende Pachysandra-Pflanzung wird durch den niederen Absperrzaun geschützt. Die Art und Ausführung dieses Zauns ist charakteristisch für die traditionellen öffentlichen Grünanlagen in Berlin.

oben links: Verstärkung der Schutzwirkung durch Natursteinsockel; Berlin
Mitte: Beispiel mit verschraubten Flachstahlprofilen und Beschriftung; München
unten links: Traditioneller Absperrzaun zum Schutz der Rasenflächen; Tiergarten Berlin
rechts: Niedriger Absperrzaun aus massivem Stahlprofil; Spreeufer, Berlin

Die Ästhetik eines Zaunes resultiert sichtlich aus einem Zusammenspiel von robuster Dinglichkeit und visueller Transparenz. ... Der Zaun, das ist eben hauptsächlich die Leere zwischen den Latten.
Otto Sudrow, 2005

Zäune und Tore im Umfeld öffentlicher Gebäude

Zäune und Tore im Umfeld öffentlicher Gebäude

Nicht nur bei Regierungsgebäuden, Botschaften und Firmensitzen, sondern auch bei Gewerbe- und Verwaltungsbauten, Schulen und vielen anderen Einrichtungen müssen Zäune einen hohen Sicherheitsanspruch und zugleich auch ein Bedürfnis nach Repräsentation erfüllen. Eine Einfriedung mit unüberwindbaren Mauern würde zwar den erwünschten Schutz gewährleisten, doch als zu abweisend, vielleicht sogar als provokativ empfunden werden. Meist wird daher statt einer Mauer eine Zaunanlage bevorzugt, die bei entsprechender Ausführung nicht nur Transparenz, sondern auch ein hohes Maß an Sicherheit bietet.

Der wohlgestaltete, türkisfarbene Zaun vor dem Innenhof des Kanzleramts in Berlin ist das beste Beispiel für diese Gratwanderung zwischen Sicherheitsbedürfnis und Transparenz. Jeder begreift, dass eine klare Grenzziehung zwischen den Außenbereichen des Regierungsgebäudes und dem öffentlichen Freiraum notwendig ist. Doch daneben haben die Staatsrepräsentanten auch den Wunsch, sich offen zu zeigen und den Bürgern Einblick zu gewähren. Die gesamte Freiraumplanung zwischen Reichstag und Kanzleramt ist darauf angelegt, dass man an den Zaun des Kanzleramts herantreten und den Hofraum mit seinen interessant geformten Rasenflächen und der auffälligen Monumentalskulptur aus Cortenstahl des spanischen Künstlers Eduardo Chillida betrachten kann.

Auch im Umfeld vieler neuer Botschaftsbauten und Ministerien in Berlin ist eine vergleichbare Lenkung der Neugierde festzustellen: Das »Spicken« durch den Zaun ist nicht nur erlaubt, sondern scheint geradezu erwünscht zu sein. Die transparenten Zäune geben den Blick frei auf interessante Hofgestaltungen, Auffahrtsbereiche und repräsentative Gebäudeeingänge. Deutlich ist zum Ausdruck gebracht, dass man zwar eines Schutzes bedarf und Distanz zur Öffentlichkeit haben möchte, dass es aber auf der anderen Seite des Zauns nichts zu verbergen gibt.

Alle modernen Beispiele von Sicherheitszäunen haben hinsichtlich ihrer Konstruktion historische Vorbilder. Die heute aktuellen Stahlpalisadenzäune sind zwar wesentlich eleganter als die in Holz ausgeführten Beispiele, doch in ihrem Konstruktionsprinzip ganz ähnlich. Bei Frontgitterzäunen ist der Zusammenhang zwischen historischem Vorbild und zeitgenössischem Standard noch deutlicher. Zwar wird heute bei modernen Ausführungen auf Dekorelemente und vergoldete Spitzen verzichtet, doch die ausgeprägte Vertikalität der Zaunkonstruktionen ist ebenso ein Charakteristikum, wie es die oft bedrohlichen Spitzen der einzelnen Zaunstäbe sind.

Neben der Höhe des Zauns, der Materialstärke der verwendeten Profile, der Ausführung der Pfosten und der Fundamentierung ist vor allem die Gestaltung der einzelnen Zaunfelder wichtig für die Sicherheit und Stabilität. Wird beispielsweise durch einen weitgehenden Verzicht auf Horizontalprofile das Hochklettern und Übersteigen erschwert, so muss die Aussteifung der Konstruktion durch ein Rahmenprofil oder ein entsprechendes Fundament gewährleistet sein. Bei einer Gestaltung mit vorwiegend horizontal verlaufenden Profilen müssen die Abstände so gewählt werden, dass die Konstruktion nicht als Leiter benutzt werden kann, das heißt, die Anordnung der einzelnen Profile muss so eng sein, dass in die Zwischenräume kein Fuß gesetzt werden kann. Eine sehr effektive Absicherung wird durch ein Abknicken der Zaunkonstruktion nach außen erreicht. Durch den Überhang ist ein Überklettern der Zaunanlage ausgeschlossen. Meist wird diese verstärkte Sicherung, die man von Zäunen an Flughäfen, Militäranlagen und Sportstätten kennt, rein funktional und ohne gestalterischen Anspruch ausgeführt. Doch zeigt das Beispiel der Polizei- und Feuerwehrwache in Berlin-Tiergarten, dass diese Art von Sicherheitszaun auch formal sehr ansprechend gestaltet werden kann.

Der Sicherheitszaun um das Kanzleramt in Berlin erlaubt je nach Blickwinkel verschiedenartige Durchblicke. Das helle Türkisgrün setzt einen markanten Farbakzent mit hohem Wiedererkennungseffekt.

Stahlpalisadenzäune

Die vor wenigen Jahren in Berlin neu erbauten Botschaften von Südafrika und Österreich, die nur wenige Schritte voneinander entfernt liegen, präsentieren sich zur Tiergartenstraße mit sehr ungewöhnlichen und auffälligen, aber bestechend einfachen Zaungestaltungen. Bei der von Hans Hollein geplanten Botschaft der Republik Österreich reihen sich silbergrau lackierte, 2,50 Meter hohe und im lichten Abstand von 12 Zentimetern angeordnete Rundrohre. Um die vom Büro Mphethi Morojele Architects aus Johannesburg geplante Botschaft der Republik Südafrika legen sich schlanke, leicht schräg gestellte Streifen aus rostbraunem Cortenstahl als Schutzwall. In beiden Fällen ergibt sich ein sehr ungewöhnliches Erscheinungsbild, das vor allem durch das Fehlen von Horizontalprofilen und den Verzicht auf eine Gliederung durch Pfosten bestimmt ist. Wie beim Palisadenzaun, den man üblicherweise als Holzkonstruktion kennt, reihen sich, minimalistisch reduziert, nur vertikale Elemente. Die Stabilität des Zauns wird durch die Verankerung in Sockel und Fundament erreicht. Aus montagetechnischen Gründen sind die einzelnen Rundrohe im Fundament – und damit unsichtbar – durch ein Stahlprofil miteinander verbunden. Beim Cortenstahlzaun der südafrikanischen Botschaft werden die einzelnen 2,55 Meter hohen und 12 Millimeter dicken Stahlpalisaden, die sich in lichten Abständen von 14 Zentimetern reihen, nicht nur im Fundament, sondern zusätzlich auch noch im oberen Bereich durch einen Rundstab mit 5 Millimeter Durchmesser zusammengehalten. Dies fällt kaum ins Auge, trägt aber ganz wesentlich zur Stabilität der Gesamtkonstruktion bei und schließt ein gewaltsames Aufbiegen aus.

Beide Palisadenzäune greifen auf das Motiv des schwertförmig angespitzten Zaunstabs zurück. Sowohl die Rundrohre an der österreichischen Botschaft als auch die Stahlstreifen an der südafrikanischen Botschaft haben markant abgeschrägte Köpfe. Die Zaunanlagen erhalten dadurch nicht nur zusätzliche Sicherheit, sondern auch einen optischen »Pfiff«.

Ein ähnliches Erscheinungsbild wie der Zaun um die südafrikanische Botschaft, allerdings weniger hoch und in leichterer Bauweise ausgeführt, zeigen viele andere in den letzten Jahren ausgeführte Zäune. Als Beispiele seien hier jene bei einem Verwaltungs- und Produktionsgebäude in Bregenz und einem Bürogebäude in Dublin vorgestellt. Beide Konstruktionen sind vom Erscheinungsbild her sehr elegant. Die vertikalen Streifen aus feuerverzinktem und eisenglimmergrau lackiertem Flachstahl reihen sich kontinuierlich ohne jeden Zwischenpfosten, sie werden an der Basis durch ein kräftiges Längsprofil zusammengehalten und im Kopfbereich durch ein kaum sichtbares Profil ausgesteift.

Der Stahlpalisadenzaun an der Österreichischen Botschaft in Berlin bietet die erforderliche Sicherheit sowie ein angenehmes Maß an Transparenz. Die in einer exakten Doppelreihe stehenden Rundstäbe sind in einem Betonsockel verankert.

Stahlpalisadenzaun; die 1,50 Meter hohen Bleche sind 8 Millimeter dick und die Breite verjüngt sich von unten 100 Millimetern auf oben 40 Millimeter; Dublin, Irland.

oben: Stahlpalisadenzaun aus 15 Millimeter dicken und 200 Millimeter breiten Cortenstahlblechen; Südafrikanische Botschaft, Berlin, Tiergarten
unten: Die sich nach oben verjüngenden Flachstahlprofile werden durch einen Rundstab fixiert; Bregenz, Österreich.

Frontgitterzäune

Frontgitterzäune sind klassische Zaunkonstruktionen aus Stahl, wie sie im 18. und 19. Jahrhundert in den europäischen Städten gebräuchlich waren. Sie sind robust konstruiert, oft voll dekorativer Details und immer von hohem repräsentativen Anspruch. Meist wurden die vom Kunstschlosser in der Werkstatt vorgefertigten Zaunfelder auf einen gemauerten Sockel zwischen gemauerte Pfeiler eingebaut. Die Zaunfelder bestanden in der Regel aus einem unteren und einem oberen Horizontalprofil sowie einer dichten Reihung senkrechter Füllstäbe mit lichten Abständen von etwa 12 Zentimetern. Die einzelnen Zaunfelder waren meist nicht länger als 2,5 bis 3,0 Meter, um Transport- und Montageprobleme zu vermeiden, die sich bei größeren und damit sehr schweren Elementen ergeben.

Frontgitterzäune in der beschriebenen Art sind nach wie vor Standard, und bei entsprechender Gestaltung der Details ist ihr Erscheinungsbild ganz und gar zeitgemäß. Nicht nur für die Ausführung der Sockelmauern und Pfeiler, einschließlich ihrer Abdeckplatten, sondern auch für die der Zaunfelder gibt es zahlreiche Variationsmöglichkeiten. Grundsätzlich geht es hier immer um die gleiche Gestaltungsaufgabe, nämlich die Herstellung eines stabilen Gitters aus vertikalen und horizontalen Profilen. Dabei ergeben sich nicht nur Fragen nach der Maßordnung, sondern auch nach der Wahl der Profile, ihrer Kombination und konstruktiven Verbindung. Eine der gebräuchlichsten Ausführungsarten ist die Kombination von horizontalen Flachstahlprofilen und vertikalen Rundstäben. Die Flachstahlprofile werden in regelmäßigen Abständen aufgebohrt, um die Rundstäbe einführen und anschweißen zu können. Da diese Konstruktion zum Durchhängen neigt, sollten die Zaunfelder nicht länger als 2,40 Meter sein, andernfalls sollten sie in regelmäßigen Abständen mit dezenten Distanzhaltern unterstützt werden, um einer Verformung entgegenzuwirken. Weit verbreitet ist auch eine Konstruktion, die aus je zwei parallelen, hochkant eingebauten Flachstahlprofilen und dazwischen liegenden, senkrecht verlaufenden Vierkantstäben besteht. Diese werden von den beiden flankierenden Flachstahlprofilen mit einer Art Zangenkonstruktion gehalten, wie sie im konstruktiven Holzbau üblich ist. Die drei an den Knotenpunkten zusammentreffenden Profile werden entweder durch Schweißen oder durch Nieten miteinander verbunden. Statt der beiden hochkant eingebauten Flachstahlprofile können für die Horizontalen auch T-, U- und Kastenprofile verwendet werden. Diese haben aus statischer Sicht den Vorteil größerer Steifigkeit. Auch bei den Füllstäben gibt es eine Reihe von Variationsmöglichkeiten. Statt der üblichen, zwischen 15 und 20 Millimeter dicken Vollstäbe können auch Rundrohre, Vierkantstäbe oder Streifen aus Flachstahl verwendet werden.

In den meisten Fällen sind die Füllstäbe eines Frontgitterzauns vertikal angeordnet, so dass man nicht daran hochklettern kann. Man findet jedoch gelegentlich auch Konstruktionen mit horizontalen Sprossen und hat den Eindruck, dass sich die Planer aus guten Gründen für diese Lösungen entschieden haben. Der mehrere hundert

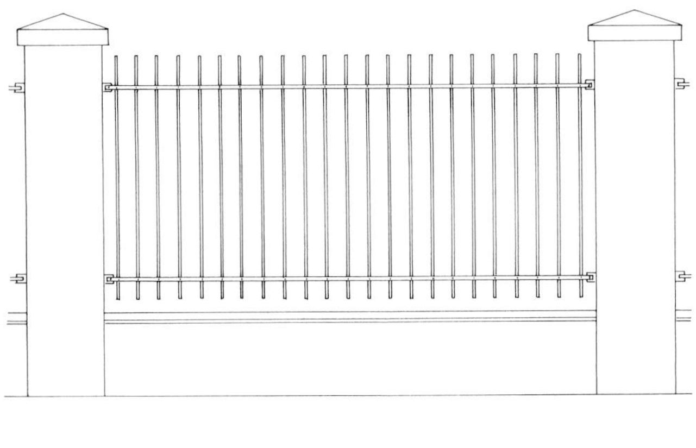

Frontgitterzaun
mit Sockelmauer und Pfeiler

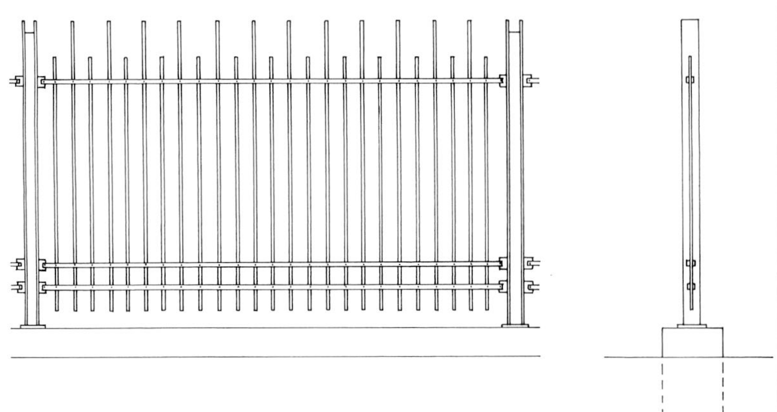

Frontgitterzaun
mit Sockel und Stahlpfosten

Der Frontgitterzaun an der Uferpromenade zwischen dem Bundesministerium für Wirtschaft und dem Berlin-Spandauer-Schifffahrtskanal ist in Wellenform geführt und bekommt dadurch einen spielerischen Ausdruck; Stahlpfosten, Querriegel aus Hespeneisen, Vertikalstäbe aus Vierkantvollstäben.

Meter lange und etwa 2,20 Meter hohe Zaun, der den Yachthafen von Barcelona zur stark befahrenen Passeig de Colom abtrennt, besteht aus winkelförmigen Horizontalprofilen, die in Abständen von 3 Metern an vertikalen Stahlpfosten befestigt und in Abständen von 1 Meter jeweils mit einer Aussteifungsrippe versehen sind. Jenseits des Zauns sieht man die Segelyachten mit ihren aufstrebenden Masten und Takelagen. Die horizontalen Strukturen des Zauns liefern einen angenehmen Kontrast zu diesem Bild und schaffen zugleich eine optisch sehr ruhige, klare Basis. Hätte man an dieser Stelle vertikale Füllstäbe verwendet, wäre ein vergleichsweise sehr unruhiges, verwirrendes Bild entstanden.

Eine weitere, allerdings sehr aufwendige Variante in der Gestaltung der Zaunfelder ist die Anordnung aller Profile in einer einheitlichen Ebene. Das heißt, die Profile überlagern sich nicht, sondern bilden geschlossene kleine Rahmen, die sich zu einem großen Gitterfeld zusammenfügen. Die hohen Frontgitterzäune der neuen Britischen Botschaft in Dublin sind dafür ein gutes Beispiel. Diese Zaunanlage ist in ihrer Gesamterscheinung zwar recht konservativ, im Detail aber voller anregender Gestaltungsideen.

Statt der üblichen gemauerten Pfeiler, die immer eine sehr auffällige Gliederung bewirken, können auch Stahlpfosten verwendet werden, die der Zaunanlage ein einheitliches und unauffälliges Erscheinungsbild verleihen.

Auch mit der Kontur des Zaunverlaufs kann man gestalterisch spielen. Da gekrümmte Zaunführungen sowohl hinsichtlich des Sockels als auch hinsichtlich der Zaunfelder immer relativ schwierig herzustellen sind, muss man gründlich abwägen, ob der Aufwand gerechtfertigt ist. Ein sehr gelungenes Beispiel zeigt die Zaunanlage des Bundeswirtschaftsministeriums in Berlin. Sie begrenzt mit ihrer sehr auffälligen Wellenkontur die Außenanlagen des Ministeriums zur neu geschaffenen, als Grünzug angelegten Uferpromenade am Berlin-Spandauer-Schifffahrtskanal. Durch die Wellenkontur bekommt der Zaun eine verspielte und heitere Note, verliert das Bedrohliche eines Sicherheitszauns und wird nicht als harsche Trennungslinie empfunden; der lang gestreckte, schmale Grünraum wird in angenehmer Weise belebt und erhält Identität.

Sicherheitszaun am Yachthafen von Barcelona mit horizontalen Winkelprofilen

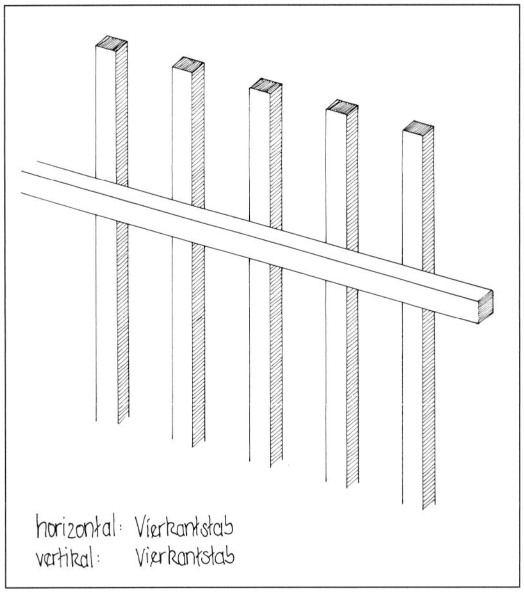
horizontal: Vierkantstab
vertikal: Vierkantstab

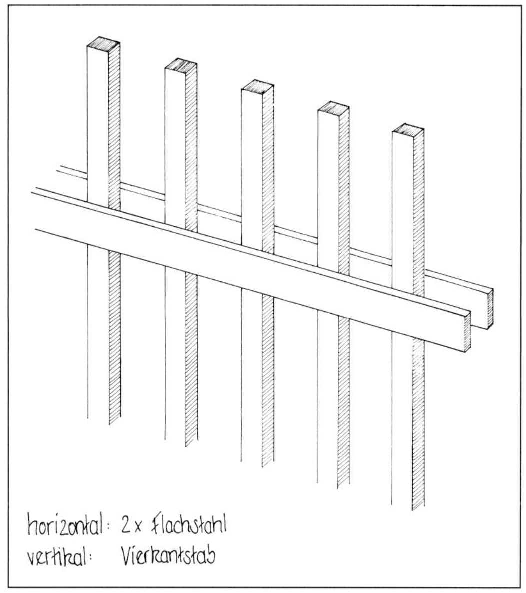
horizontal: 2 x Flachstahl
vertikal: Vierkantstab

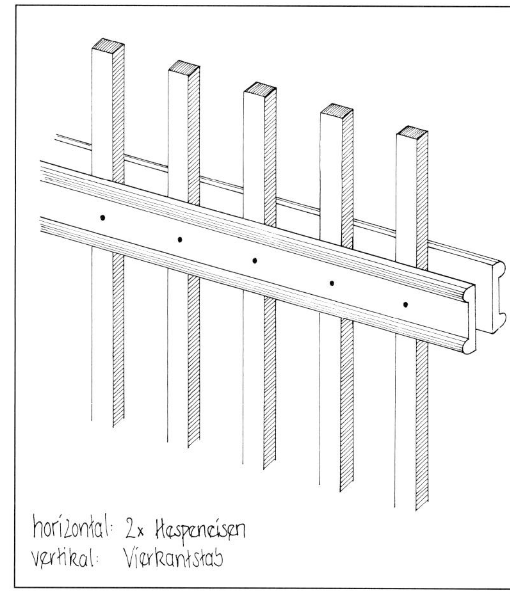
horizontal: 2x Hespeneisen
vertikal: Vierkantstab

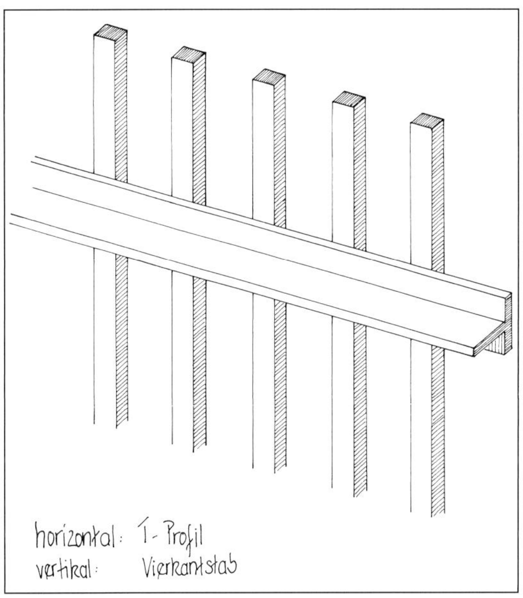
horizontal: T-Profil
vertikal: Vierkantstab

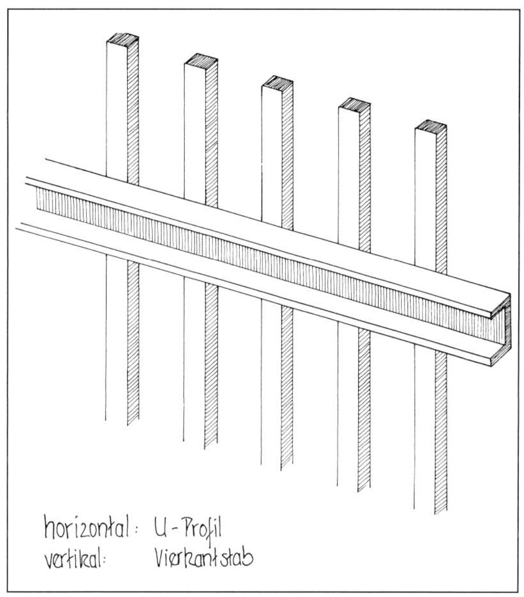
horizontal: U-Profil
vertikal: Vierkantstab

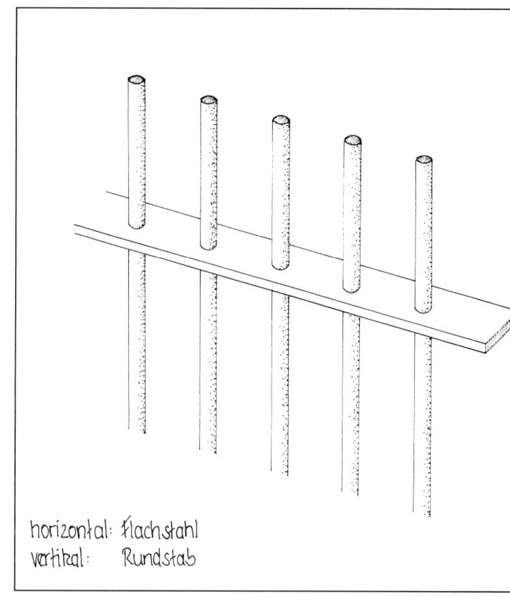
horizontal: Flachstahl
vertikal: Rundstab

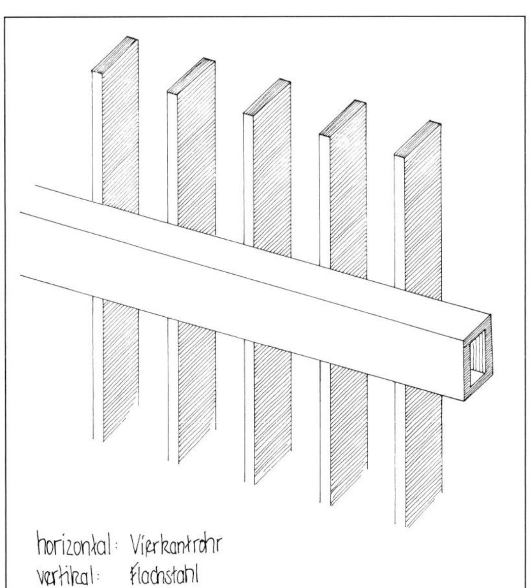
horizontal: Vierkantrohr
vertikal: Flachstahl

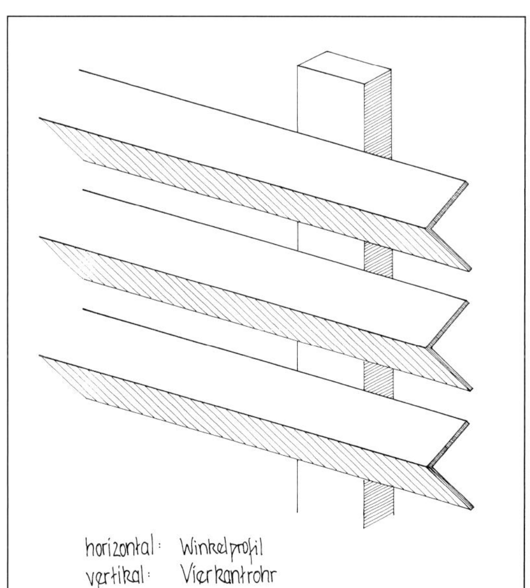
horizontal: Winkelprofil
vertikal: Vierkantrohr

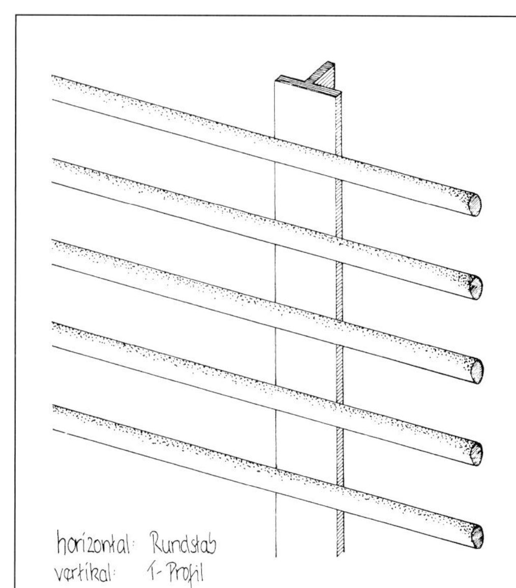
horizontal: Rundstab
vertikal: T-Profil

Dieser Frontgitterzaun hält sich stilistisch sehr nahe an historische Vorbilder und ist dennoch eine zeitgemäße und gestalterisch hervorragende Lösung im Umfeld eines historischen Repräsentationsgebäudes; Bundesrat in Berlin-Mitte.

oben: Pfeiler und Sockelmauer dieses Zauns sind aus gefärbtem Beton; Niedersächsische Landesvertretung, Berlin.
unten: Frontgitterzaun mit horizontalen U-Profilen und vertikalen Vierkantstäben; Berlin

oben: Gittermattenzaun, quer liegend eingebaut in einem Rahmen; Köln-Marienburg
unten: Gittermattenzaun bei den Außenanlagen eines Verwaltungsgebäudes; Landkreis Ravensburg

Gittermattenzäune

Zur Einfriedung von Schulhöfen, gewerblich genutzten Grundstücken und sonstigen Freiflächen sind so genannte Gitterzäune heute weit verbreitet. Sie werden in Deutschland von einem guten Dutzend Herstellern in recht ähnlicher Ausführung angeboten und sind sehr solide, ausgereifte und im Vergleich zu den Frontgitterzäunen recht preiswerte Systemkonstruktionen. Im Unterschied zu gewöhnlichen Maschendrahtzäunen, die mit einfachsten Mitteln zerstört werden können und keinen nennenswerten Einbruchschutz darstellen, bieten Gitterzäune, je nach Höhe, ein relativ hohes Maß an Sicherheit. Sie sind nur schwer zu überklettern und können von Eindringlingen nur mit erheblichem Aufwand zerstört werden. Gitterzäune werden in Höhen von etwa 0,65 Metern bis 2,45 Metern angeboten. Sie bestehen aus Stahlrohrpfosten und Füllungen aus Stahlmatten, die im Normalfall in Abständen von 2,50 Metern auf den Pfosten stumpf gestoßen und mit speziellen Anschlussschellen befestigt werden. Die Stöße werden, je nach System, meist noch mit einem Abdeckprofil überdeckt. Die als Füllelemente zwischen den einzelnen Pfosten verwendeten Matten werden als Doppelstabmatten bezeichnet, da sie aus doppelt geführten waagrechten und dazwischen eingespannten senkrechten Stäben bestehen. Man unterscheidet zwischen *schwachen*, *leichten* und *starken* Ausführungen. Diese Klassifizierung richtet sich nach der Dicke der Stäbe, die zwischen 5 und 8 Millimetern liegt, und der Maschenweite, die zwischen 35 x 200 Millimetern und 100 x 200 Millimetern beträgt. Gittermattenzäune werden in feuerverzinkter oder zusätzlich noch kunststoffbeschichteter Ausführung angeboten. Sie sind sehr funktionstüchtig, schlicht und unauffällig, dabei jedoch ohne jeden repräsentativen Anspruch und kommen deshalb nur bedingt in Frage. Da die Zäune auch bei geringer Maschenweite relativ transparent sind, bieten sie keinen Sichtschutz. Dieser kann bei Bedarf aber sehr einfach und schön durch eine den Zaun ergänzende Hecke geschaffen werden.

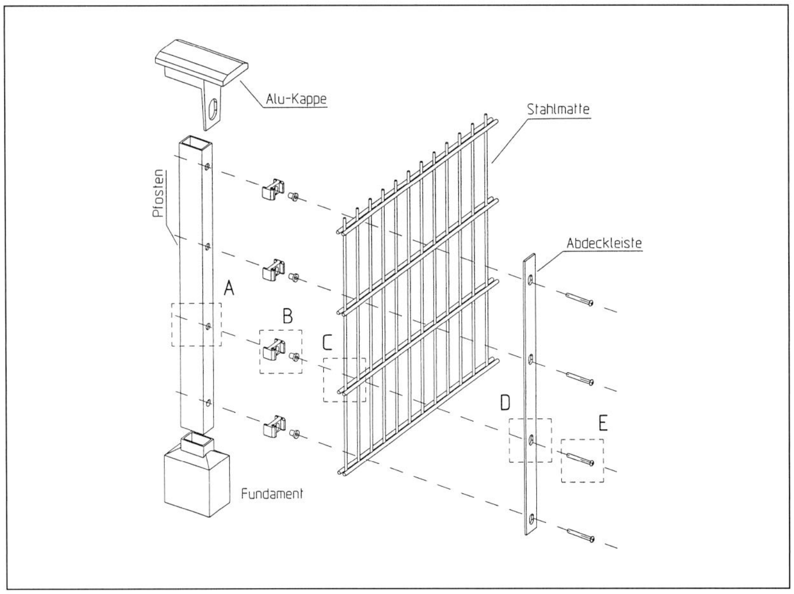

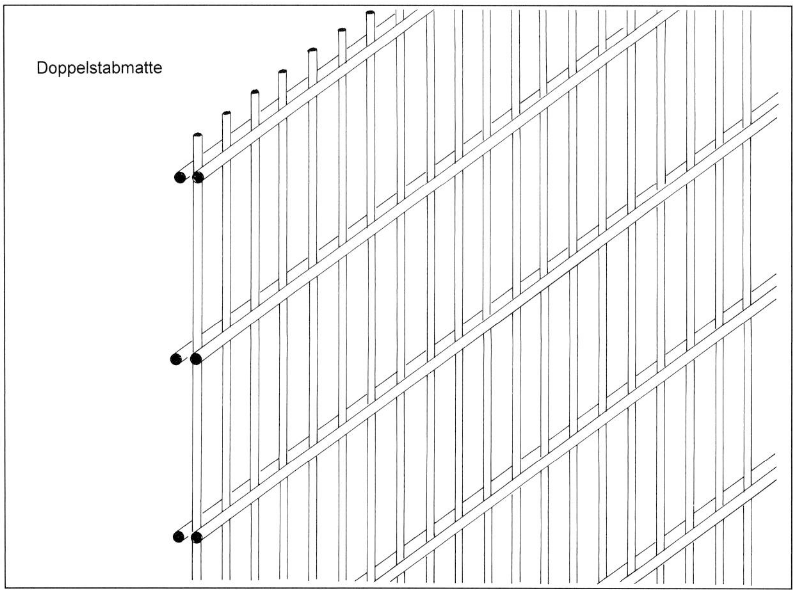

oben: Zweiflügeliges Tor eines Garagenhofs in der Altstadt von Schwetzingen
unten: Schiebetor des Katholischen Pfarramtes; München-Grünwald

Stahltore

Für Grundstückseinfriedungen, die sowohl ein gewisses Sicherheits- als auch ein Repräsentationsbedürfnis erfüllen sollen, kommen an Eingängen und Zufahrten nur Stahltore in Frage. Aufgrund ihres hohen Eigengewichts werden sie meist an gemauerten oder betonierten Pfeilern und nicht an Metallpfosten angeschlagen. Die Tore sind normalerweise zweiflüglig ausgeführt, die einzelnen Flügel meist nicht breiter als 1,60 Meter, da sich sonst aufgrund des Gewichts und der Durchbiegung Konstruktionsprobleme ergeben. Eine *Diagonalaussteifung* in Form eines auf Zug beanspruchten Zusatzprofils, das von der unteren Ecke des Flügels zum oberen Drehpunkt führt, ist bei Stahltoren genauso gebräuchlich wie bei Holztoren. Auch die bei sehr breiten Holztoren gelegentlich ausgeführte Überhöhung des Rahmenholzes und die dadurch ermöglichte Verlängerung der Diagonalaussteifung (siehe Seiten 31 u. 32) findet man gleichermaßen bei Stahltoren.

Ein zweiflügliges Tor ist meist bedienungsfreundlicher als ein übergroßes einflügliges. Alternativ zum Drehtor sind auch ein- oder zweiteilige Schiebetore möglich. Bei gewünschten Durchfahrtsbreiten von mehr als 3,50 Metern sind sie sehr zu empfehlen, weil sich die mit der Aufhängung verbundenen statischen Probleme nicht stellen. Für Schiebetore muss allerdings seitlich ausreichend Platz vorhanden sein, um das Tor auf voller Breite beiseite schieben zu können.

Das hohe Gewicht von Stahltoren führt dazu, dass sie schwer zu bewegen sind, und so wird für große und häufig benutzte Tore meist ein elektrischer Antrieb vorgesehen. Es gibt Toröffner mit elektrischem Unterflurantrieb, die allerdings im Ruf stehen, sehr wartungsanfällig zu sein, und Toröffner mit hydraulischen Schwenkarmen, die zwar technisch ausgereift sind, häufig jedoch als ein gestalterisch unerwünschtes Attribut empfunden werden. Auch Schiebetore werden heute in der Regel mit einer relativ einfachen und wenig anfälligen Technik automatisch bewegt.

Es ist eine Selbstverständlichkeit, dass die Tore mit den Zaunanlagen eine gestalterische Einheit bilden. Das heißt, für die Tore sind die gleichen Konstruktionen, Strukturen und Profile zu verwenden wie für die Zäune. Dies ist meist ohne Probleme möglich, da ein Torflügel ähnlich wie ein Zaunfeld konstruiert werden kann und ebenfalls aus Horizontal- und Vertikalprofilen besteht, die sich zu einer Gitterstruktur fügen, oder aus einem biegesteifen Rahmen mit einer Füllung in Form von Blechen, Streckmetallen, vorgefertigten Gitterrosten oder den traditionellen Vertikalstäben. Auch alle möglichen Kombinationen dieser Elemente kommen in Frage.

Die von Richard Meyer geplanten schweren Drehtore beim MAC (Museu d'Art Contemporani) in Barcelona nehmen mit ihrer Aneinanderreihung von vertikalen Kastenprofilen Bezug auf den Typus Stahlpalisadenzaun. Die Konstruktion der vom Büro Cornelia Müller und Jan Wehberg geplanten Tore der einen parkartigen Innenhof umschließenden Wohnbebauung *Tiergartendreieck*

links: Geschlossenes Tor zu einem Wirtschaftsbereich; Schloss Klessen, Mark Brandenburg
rechts: Tor zu einem Verwaltungsgebäude; Heidelberg

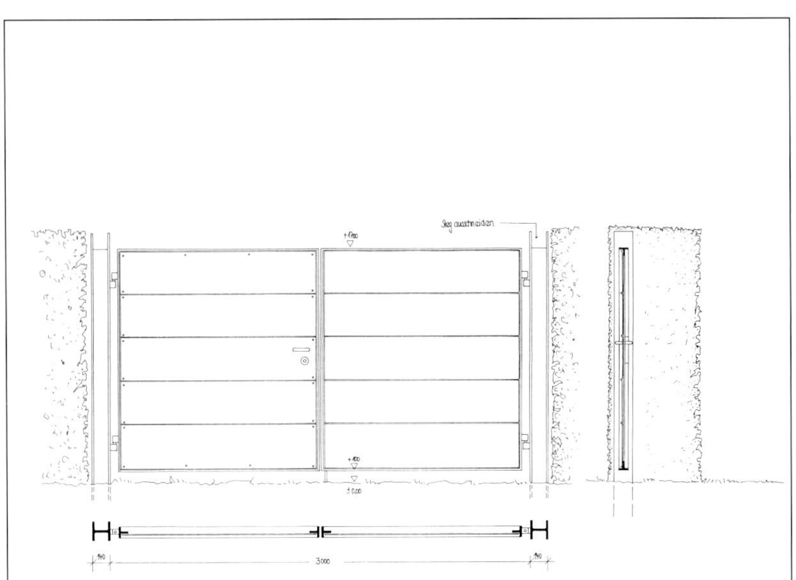

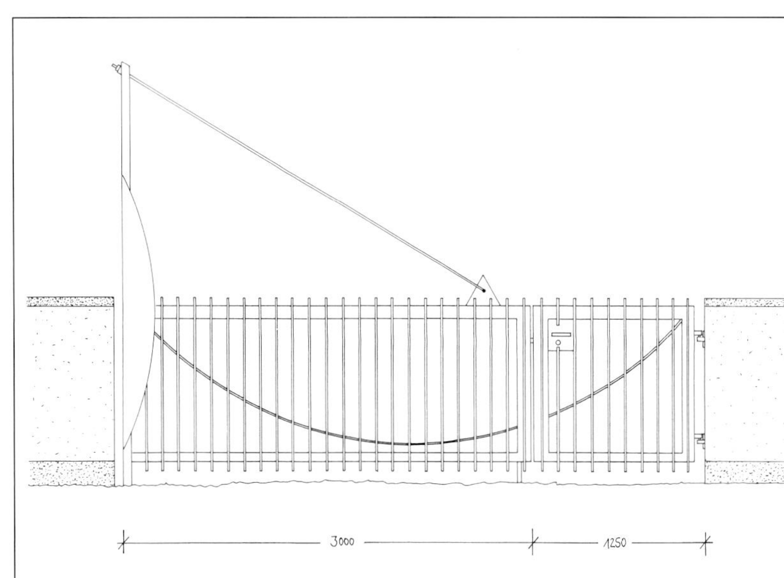

infahrt Hotelgaragen
1840-1990
IRH

links oben: Stabiles Gittertor als Durchlass in einer Betonmauer; München-Riem
links unten: Geschlossene Wendeflügeltore bei der Abt-Utto-Grundschule in Metten

oben links: Geschlossenes Metalltor in Berlin
oben rechts: Tor in München-Schwabing
unten links und rechts: Stahltore zum Innenhof der Wohnbebauung Tiergartendreieck in Berlin

oben: Zugangstore zu einem Schulgebäude; Aix-en-Provence, Frankreich
unten: Geöffnete Wendeflügeltore beim Albert-Schweitzer-Saal; Karlsruhe

in Berlin entsprechen dem Typus Frontgitterzaun. Die von unten nach oben in vier Abstufungen immer weitmaschigere Ausführung des Rasters, der geschlossene Basisbereich und die formale Integration der beiden angrenzenden Zaunsegmente sind sehr klassisch konzipiert und eine vorbildliche, geradezu lehrbuchmäßige Lösung.

Ist eine blickdichte Ausführung des Tors erwünscht, wird meist ein biegesteifer und flächig mit Blech ausgefüllter Rahmen verwendet. Um ein Beulen der Blechflächen zu vermeiden, sind regelmäßig angeordnete Aussteifungsrippen notwendig, durch die sich, sofern sie sichtbar belassen werden, eine Art Kassettierung ergibt.

Eine recht ungewöhnliche und bemerkenswerte Torgestaltung findet man beim *Albert-Schweitzer-Saal* in Karlsruhe, einem Gemeinde- und Veranstaltungszentrum der evangelischen Christus-Kirche, das vom Architekturbüro Werkgemeinschaft geplant wurde. Der in der »zweiten Reihe« an der stark befahrenen Reinhold-Frank-Straße errichtete Neubau will sich zum öffentlichen Freiraum einerseits gut sichtbar präsentieren, sich andererseits aber auch klar von ihm abtrennen. Zu bestimmten Zeiten möchte man das Gelände völlig abschließen, aber bei Veranstaltungen möchte man es so weit wie möglich öffnen. Nicht zuletzt muss auch die Feuerwehrzufahrt sichergestellt sein. Die etwa 14 Meter lange Grenze zum öffentlichen Bereich wurde mit vier, jeweils 3,50 Meter breiten und 1,75 Meter hohen »Wendeflügeltoren« geschlossen. Sie bestehen aus einem runden Mittelpfosten und beidseitig angeschweißten Gitterfeldern. Der achsensymmetrische Aufbau ist statisch sehr vorteilhaft, weil sich die von beiden Seiten über diagonale Zugstäbe zur Pfostenspitze geleiteten Kräfte aufheben. Die beiden mittleren Tore sind um die Pfostenachse drehbar. Dreht man eines der Tore um 90 Grad, entstehen zwei 1,75 Meter breite Öffnungen, dreht man beide, ergeben sich an den Rändern zwei Öffnungen von je 1,75 Metern und eine mittlere Öffnung von 3,50 Metern Breite (siehe Skizze). Das heißt, mit wenigen Handgriffen und ohne aufwendige Technik kann die Hälfte der 14 Meter langen Einfriedung großzügig geöffnet werden.

Ausführungsplan und Systemskizze für die auf Seite 133 unten abgebildeten Wendeflügeltore

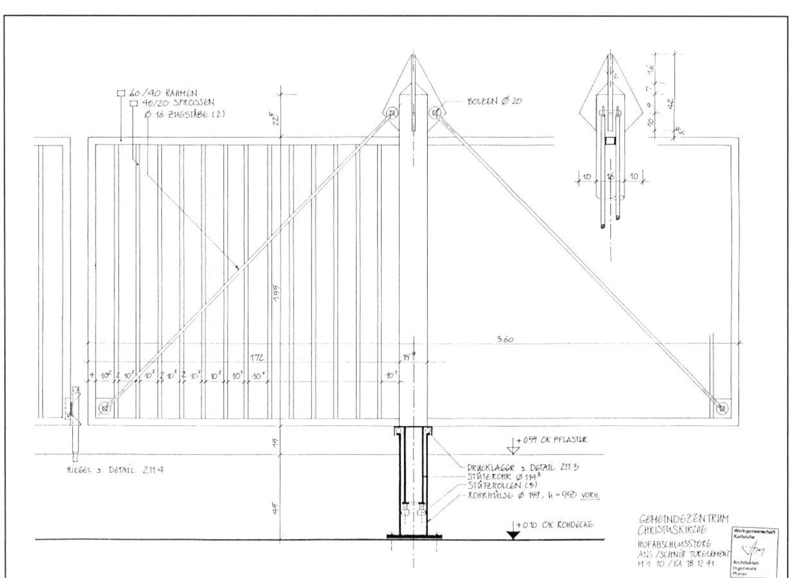

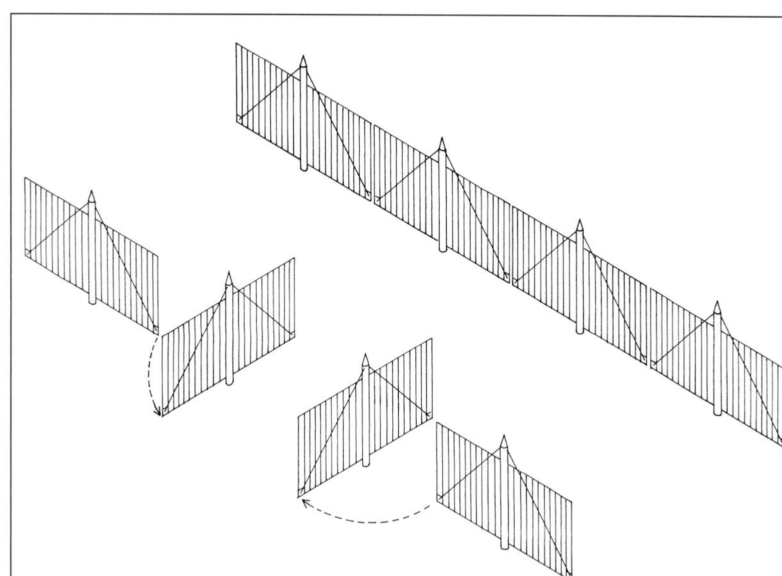

SORTIE

SCHWEITZER-SAAL

Nachweis der Planer

Leider ist es den Verfassern nur zum Teil möglich gewesen, die Planer der abgebildeten Beispiele zu benennen. Unter Vorbehalt können folgende Angaben gemacht werden:

S. 17 Michael Zimmermann, Braunschweig
S. 41 Büro Topotek 1, Berlin
S. 70 Fritz Schumacher, Hamburg
S. 73 Günter Mader, Elke Zimmermann
S. 75 unten Axel Butenschön, Rellingen
S. 77 oben Gustav Lange, Hamburg
S. 78 Dick Huigens, Zeist
S. 81 Josef Paul Kleihues, Berlin
S. 85 Randy Thueme, San Francisco
S. 87 Mitte, unten, rechts Hermann Muthesius, Berlin
S. 88 Andreas Bruun, Køge
S. 91 unten links Josef Paul Kleihues, Berlin
S. 91 unten rechts Herzog & de Meuron, Basel
S. 95 oben Gilles Clément, Patrick Berger, Alain Provost, Jean-Paul Viguier, Jean-François Jodry, Paris
S. 95 unten Bernard Huet, Paris
S. 96, 97 François Brun, Michel Pena
S. 99 Ulrich Singer, Jürgen Klahn und Partner, Karlsruhe
S. 100 Axel Lohrer, Ursula Hochrain, Waldkraiburg
S. 101 Ulrich Singer, Jürgen Klahn und Partner, Karlsruhe
S. 103 oben Bet Figueras, Barcelona
S. 104, 105 Kienast, Vogt und Partner, Zürich
S. 107 oben Uwe Maier, Baden-Baden
S. 107 unten links Enrico Miralles, Barcelona
S. 115 Axel Schultes, Charlotte Frank, in Abstimmung mit Cornelia Müller, Jan Wehberg, Berlin
S. 116, 117 Hans Hollein, Wien
S. 119 oben Mphethi Morojele, Johannesburg
S. 121 Cornelia Müller, Jan Wehberg, Berlin
S. 124 Gustav Lange, Hamburg
S. 127 unten Axel Schultes, Charlotte Frank, Berlin
S. 128 Günter Mader, Elke Zimmermann
S. 130 Rudi Schmid, Martin Reihofer, Deggendorf
S. 131 unten links, unten rechts Walther Stepp, in Abstimmung mit Cornelia Müller und Jan Wehberg, Berlin
S. 133 Werkgemeinschaft, Eberhard Kampmann, Karlsruhe

Bildnachweis

S. 17 Uwe Brodmann, Braunschweig
S. 26 Christian Brünig, Duisburg
S. 31 Roger Kinkead (National Trust of Irland), Dublin
S. 43 Hermann Pitscheider, Brixen
S. 75 unten Axel Butenschön, Rellingen
S. 78, 79, 88 Karl-Dietrich Bühler, Genua
S. 85 Marion Brenner, San Franzisko
S. 124 Jan-Erik Ouwerkerk, Berlin
S. 126 unten links E.M.S. GmbH, Werl
S. 132 unten links Zeichnung Eberhard Kampmann, Werkgemeinschaft Karlsruhe

alle übrigen Abbildungsvorlagen stammen von den Verfassern.

Weiterführende Literatur

Gardner, Frank: Fences, Building practical and stylish timber fences. London 1998
Harrison, Peter J.: Fences, Authentic Details for Design and Restauration. New York 1999
Mader, Günter: Freiraumplanung. München 2004
Schneider, Uwe: Jägerzaun und Co.KG, Kunst und Kitsch in der Gartenarchitektur. In: Zeitschrift Stadt + Grün 8/2005, Hannover 2005, Seite 42 ff.
Seike, Kiyoshi; Kudo Masanobe, Walter Schmidt: Japanische Gärten und Gartenteile. Stuttgart 1983
Durst Phototechnik (Hrsg.): Der Zaun. Innsbruck, Wien 2006

Hersteller

Bambuszäune

Axel Butenschön (individuelle Anfertigungen)
Moorkampweg 107
25462 Rellingen
butenschoen@niwa-gartenanlagen.de

Bambooline
Hanse-business OHG
Nordenhamer Straße 4–8
27572 Bremerhaven
www.bambooline.de

Edelstahlseile, Edelstahlgewebe

Carl Stahl GmbH
Postweg 41
73079 Süssen
www.carlstahl.de

Jakob GmbH
Friedrichstraße 65
7376 Ostfildern
www.jakob.ch

Englische Metallzäune

Paddock Fencing
French Drove Farm,Thorney
Peterborough, PE6 0PQ, GB
www.paddockfencing.com

Flechtzäune/Weidengeflecht:

Freitag und Sohn
Gartenstraße 21
85363 Freising

Reiner Urchs
85363 Freising
www.weidenobjekte.com

Videx Meyer-Lüters
Postfach 1251
27234 Twistringen
www.videx.de

Gittermattenzäune

Haverkamp GmbH
Zum Kaiserbusch 26–28
48165 Münster
www.haverkamp.de

E.M.S. GmbH
Zaun- und Toranlagen
Langenwiedenweg 107
59457 Werl
www.ems-zaunbau.de

Elkosta security systems GmbH
Dr.-Dörnemann-Straße 1
38259 Salzgitter
www.elcosta.de

Legi
Im Meerfeld 83–89
47445 Moers
www.legi.de

Rotec GmbH
Werner-Voß-Damm 58
12101 Berlin-Tempelhof
www.rotec-berlin.de

Demme und Renker
Hessenstrasse 5
65719 Hofheim
www.demme.renker.de

Repliken klassischer Frontgitterzäune

Werra
Johann-Reinecke-Straße 6–10
33154 Salzkotten
www.werra.de

Rotec GmbH
Werner-Voß-Damm 58
12101 Berlin-Tempelhof
www.rotec-berlin.de

Rabattengeländer aus Stahl

Thieme GmbH
Fuggerstraße 18
48165 Münster
info@stadtmoebel.com

Spaltholzzäune

WoodLine
Gewerbestraße 19
79219 Staufen
www.woodline.de

Atelier Wood Art
Markus Schaser
Stedinger Weg 16
27801 Dötlingen-Nuttel
www.atelier-wood-art.de

't Kempisch Domein
Esdoornlaan 3
2382 Poppel
Belgien
www.kempischdomein.com

Die meisten der in diesem Buch vorgestellten Zäune und Tore können anhand eines vom Architekten oder Gartenarchitekten gefertigten Ausführungsplans durch qualifizierte Handwerksbetriebe ausgeführt werden. In bestimmten Fällen kommen jedoch auch konfektionierte Zaunsysteme in Frage. Einige Systemanbieter sind hier aufgeführt. Es ist allerdings unvermeidlich, dass die Liste unvollständig ist. Hersteller, die der Auffassung sind, ihr Unternehmen sollte in unserer Liste geführt werden, mögen uns über ihre Produkte informieren:
guenter.mader@web.de